La Folie de l'Artiste

Thierry Delcourt

LA FOLIE DE L'ARTISTE
Créer au bord de l'abîme

ANTONIN ARTAUD – FRANCIS BACON – CAMILLE CLAUDEL
ALOÏSE CORBAZ – SALVADOR DALÍ – GÉRARD GAROUSTE
ALBERTO GIACOMETTI – ZORAN MUŠIČ – MICHEL NEDJAR
AURÉLIE NEMOURS – VASLAV NIJINSKI – NIKI DE SAINT PHALLE
VINCENT VAN GOGH – VLADIMIR VELIČKOVIĆ

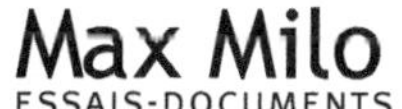

Max Milo
ESSAIS-DOCUMENTS

Du même auteur

Je suis ado et j'appelle mon psy, Max Milo, 2016
Carolyn Carlson. De l'intime à l'universel, Actes Sud, 2015
Créer pour vivre – Vivre pour créer, L'Âge d'Homme, 2013
Dépressives, hystériques ou bipolaires ? Les femmes face aux psys, Bayard, 2013
Sous les combes du ciel – La passion du galbe, Michel Gillet, La Castille, 2012
Artiste féminin singulier, L'Âge d'Homme, 2009
Au risque de l'art, L'Âge d'Homme, 2007

SOMMAIRE

PRÉAMBULE

« Lorsque je suis devant un morceau de bois,
il y a dedans une hypnose.
Si je lui obéis, il en sort quelque chose ;
sinon c'est la guerre. »
Karl Genzel, alias Brendel, sculpteur

Pourquoi certains artistes basculent dans la folie ou dans une dépression alors que d'autres traversent l'existence sans encombre ? Pourquoi certains malades trouvent un mieux-être et parfois la guérison en créant ? Pourquoi cette nécessité impérieuse et obsédante de nombreux artistes à créer sans relâche ? À ces questions qui font débat, ce livre apporte des réponses, notamment quant aux liens et aux affinités qui existent entre certaines formes de création artistique et certains troubles neuropsychiques. Les sources de cette recherche, ce sont les histoires concrètes, réelles et documentées d'artistes aux parcours parfois chaotiques :

ce qu'ils ont vécu, ce qu'ils en ont dit, ce qui les a poussés à créer, ce qu'ils engagent de leur être intime dans leur acte de création, jusqu'où leur passion de créer les conduit, ce qui leur a permis de devenir des artistes épanouis, ou au contraire, d'éprouver une grande souffrance psychique ou de sombrer dans la folie, parfois jusqu'à se donner la mort.

Ces questions, des artistes viennent se les poser en me consultant car ils traversent un épisode de perturbation psychique parfois sévère. Toute la difficulté est de les accompagner sans altérer leur processus créatif, ni l'originalité de leur œuvre. C'est une de leurs angoisses, celle de ne plus pouvoir créer. Ils sont souvent prêts à vivre une existence chaotique plutôt que de sacrifier ce qui fait le sens de leur vie. Mais ils sont parfois obligés de renoncer à être artiste car l'épreuve est trop périlleuse au point qu'ils risquent le suicide. Ce livre est autant un hommage à ces artistes présents et passés que la tentative de comprendre leurs souffrances quand ils traversent ces turbulences, très souvent dans l'indifférence générale, voire la stigmatisation de leurs comportements perturbés.

L'ouvrage est conçu en trois parties. La première explore la fonction de recours existentiel de la création artistique et la mise à l'épreuve de celui qui produit une œuvre. La seconde étudie le basculement parfois brutal entre création et folie, ou d'autres formes de troubles neuropsychiques. La troisième envisage une autre face, celle d'êtres humains atteints de troubles neuropsychiques, qui se cherchent et se soignent grâce à leur production créative.

À entendre leurs biographes, il n'est pas rare que les artistes oscillent entre la joie de créer et le tourment qui peut les mener jusqu'à la folie. Cette représentation d'une création dans la souffrance est-elle biaisée, romancée et dramatisée ? La modernité voudrait qu'elle soit obsolète car elle semble ne plus correspondre à l'univers artistique actuel. Du happening ludique au clin d'œil politiquement incorrect, de la répétition de slogans à l'étalage kitsch, de l'humour jovial à la performance crue, de l'hyperréalisme à l'art conceptuel abscons, l'acte artistique se déploie un peu partout dans l'espace sociétal et virtuel. Il distrait, séduit et interpelle. Pour se rendre visibles, les artistes occupent et s'approprient l'espace social. Ils en jouent, le bousculent et le transforment. La visibilité qu'ils acquièrent ainsi est un gage de réussite financière, mais qui les oblige à surprendre toujours plus.

Malgré tout, ce cliché des affres de la création résiste dans nos têtes, car les références de l'art actuel cohabitent avec celles, toujours très présentes, du romantisme, de l'expression pathétique, des dramaturgies originaires et religieuses, de la diabolisation de l'artiste fou quand il ne se conforme pas aux codes de la bien-pensance. Cette représentation tragique correspond-elle à une réalité têtue ou à un stéréotype qui impose son évidence au mépris d'un réel différent ? En effet, il semble que nous soyons toujours émus et séduits par le vieux cliché écorné, taché d'alcool et de sang, de l'artiste tourmenté et maudit qui porte sur lui, comme sa croix, les maux de la terre, dont les nôtres qu'il allège ou aggrave au passage. L'image d'Épinal de l'artiste solitaire, hors de la réalité et fou, plaît et rassure.

Si l'on s'écarte prudemment de cet hurluberlu bougon, sale et bizarre, qui fait peur aux enfants, il est tentant de penser que c'est à ce prix qu'il peut créer son œuvre inspirée. Ce génie, on tarde à le reconnaître car son art est dérangeant au même titre qu'il est dérangé ; voilà bien là une explication commode. L'artiste mort est moins dangereux à côtoyer et donc, à regarder. Son œuvre s'incorpore dans la culture, quitte à l'idéaliser pour le plus grand bénéfice des spéculateurs et des héritiers. On se plaît à contempler la création de ce « génie » en s'amusant d'autant plus de sa bizarrerie qu'elle nous permet de vivre par procuration la nôtre, sans prendre aucun risque.

L'art actuel a fait tout ce qu'il fallait pour se dégager de ces stéréotypes trompeurs et des archétypes du romantisme souffrant. Il a opéré la déconstruction du processus créatif, de l'objet créé et du statut social de l'artiste. En témoigne l'énorme diversité des propositions artistiques, ainsi que la banalisation de la création. Paradoxalement, la création actuelle, qui paraît moins accessible en raison de son abstraction et de son approche conceptuelle, compense en proposant au public une dimension ludique. Mieux, son interactivité offre au public la possibilité de se percevoir créatif, et d'agir artistiquement sur son monde environnant.

La création et l'art font désormais partie intégrante de notre quotidien. La créativité est devenue le minimum requis pour prétendre à obtenir sa place dans la société et la vie professionnelle. S'ajoute à cela le fait que les jeunes artistes

ont plutôt la parole facile et sont prêts à fournir le mode
d'emploi de leurs créations, espérant ainsi une meilleure
visibilité dans un marché concurrentiel. Est-ce le revers de
cette accessibilité, on voit se dessiner une forte tendance au
spectaculaire, à des réalisations qui choquent pour être vues,
à défaut d'être créatives ? Et on assiste à l'émergence d'une
figure contemporaine d'artiste nanti, au look étudié, entouré
d'agents chargés d'entretenir sa cote. Cette nouvelle icône
opère une aimantation qui, sur un mode inversé, hypera-
dapté, rejoint celle de l'artiste maudit, du génie incompris des
siècles passés. Nos valeurs et nos craintes ont pris une autre
forme. L'artiste-icône en porte autrement la part d'ombre,
la dimension symbolique qui est chargée d'absorber nos
angoisses existentielles face à la folie, à la mort et au néant.

Les clichés romantiques et les mythes tragiques exercent
toujours une fascination dont la ténacité témoigne du
besoin de lier la création au sacré, et l'artiste à un démiurge
qui ose s'y attaquer. La crise créatrice s'inscrit dans cette
transgression. L'artiste devient la figure du messager venu
des enfers plutôt que du ciel. Il peut aussi être le visionnaire,
détenteur d'une vérité qu'on accepte d'entrevoir grâce à lui,
à condition qu'elle échappe encore. Grâce au rébus qu'il
porte en lui, l'objet créé dévoile à peine son secret par le trou
de la serrure, la fente de la censure. Le public peut toujours
refuser de s'attarder face à l'objet d'art qui dérange. Celui qui
accepte de regarder l'objet créé, accepte le possible malaise
de se regarder sans concession dans le miroir de l'œuvre.

Vincent Van Gogh, Arthur Rimbaud, Michelangelo Merisi
da Caravaggio (le Caravage), Paul Gauguin, Vaslav Nijinski,

Marc Rothko, Antonin Artaud, Unica Zürn, Guy de Maupassant, Robert Schumann, Thelonious Monk, Camille Claudel, Nicolas de Staël, Gérard de Nerval, Raymond Roussel, Maurice Utrillo, Michel Nedjar, David Nebreda, James Joyce, Virginia Woolf, Charles Bukowski, Gina Pane, Emily Dickinson, Sylvia Plath, Jean-Michel Basquiat, Gérard Garouste… La liste est longue de celles et ceux qui sont faits prisonniers de ce mythe de l'artiste dérangé, fou ou maudit. Mais quand on y regarde de plus près, il s'agit d'un inventaire à la Prévert où se mêlent des problématiques humaines et des parcours artistiques très disparates. S'il existe un dénominateur commun entre ces artistes, c'est celui du risque allié à une passion brûlante qui pousse à s'exposer au dérangement de la création, au mépris de la prudence d'une vie conforme et paisible. Combien d'entre eux s'en sont plaints mais ils ne peuvent ni ne veulent se contenter d'aspirations raisonnables que leur entourage tente en vain de leur préconiser. Ils savent qu'ils s'affrontent dans un combat titanesque avec eux-mêmes, avec les autres et plus largement, avec la condition humaine, au risque de s'y perdre.

Cette passion créative au mépris du danger est-elle de l'ordre d'un impératif inconscient, d'un choix délibéré ou d'un destin tracé ? Depuis le philosophe grec Aristote et son écrit, *Le Problème XXX*[1] qui traite du lien entre génie et mélancolie, la problématique est posée, mais est-elle encore valide ? Entre littérature, philosophie, psychanalyse et

---

1. Aristote, *Le Problème XXX*, in *L'Homme de génie et la Mélancolie*, traduction, présentation et notes de J. Pigeaud, Éditions Rivages-poche/ Petite Bibliothèque, Paris, 1991.

neurosciences, le débat est engagé et passionné, mais il n'est pas certain que les querelles idéologiques soient propices à y voir clair. Les artistes ne devraient pas avoir à s'en soucier car ce débat sociétal ne fait qu'effleurer ce qu'ils mettent en jeu dans leur acte de création.

Mais il y a risque car, entre génie et folie – termes aux contours flous, qui dépendent du champ sémantique à partir duquel on les définit – que de sentences définitives tombent au mépris de la réalité. Loin de servir et de respecter les artistes dans leurs singularités, des affirmations péremptoires stigmatisent leur prétendue anormalité ou instrumentalisent le contexte de leur création, souvent pour les besoins d'une cause ou d'une croyance. La déviance d'un artiste par rapport à une trajectoire classique a toujours été assez bien acceptée, mais à condition de ne pas dépasser une certaine limite, variable selon l'époque et le régime politique. Sinon, des mesures de neutralisation et de coercition sont prises, ce qui est fréquent dans les régimes autoritaires. Longtemps, des traitements empiriques, dits « moraux », barbares à défaut d'être efficaces, étaient assénés à l'artiste considéré comme un dérangé, voire un dégénéré bon à être interné à vie. Nombreux sont ceux qui en ont fait les frais au décours des siècles passés. On connaît le sort de Vincent Van Gogh, de Camille Claudel, d'Antonin Artaud, de Maurice Utrillo... De nombreux autres, restés ou devenus anonymes, ont subi la même souffrance et le même sort.

Précisons toutefois que les soins psychiques peuvent s'avérer nécessaires, souhaités par l'artiste, et apaisants quand la souffrance et les conduites d'autodestruction le mettent en péril. Il est préférable que l'artiste lui-même en fasse la demande mais il n'est pas sot de lui imposer un soin lorsqu'il y a urgence à le protéger contre son autodestructivité. Par contre, ces soins sont injustifiables s'ils visent à faire taire ce qui dérange l'ordre établi et les règles morales édictées par un pouvoir autoritaire. Il arrive même que cette éviction sociale se fasse avec l'aval des citoyens qui voient en l'artiste le mal incarné. Si la chasse aux sorcières n'est plus d'actualité dans les pays dégagés de la tyrannie obscurantiste de systèmes totalitaires et religieux, il ne faut pas oublier que le spectre de la censure et de l'exclusion portée par les extrémismes, n'est jamais très loin, surtout en période de crise. Alors, si l'on prend en compte toutes ces dimensions du problème, faut-il encore relier le génie à la folie ? Si oui, comment et pourquoi ? Ce n'est qu'en se penchant attentivement sur ce que disent, exposent et écrivent les artistes que l'on peut espérer y comprendre quelque chose, mais à condition d'accepter que chacun trace son parcours singulier. Il n'est pas possible, en la matière, d'en rester à des considérations générales, a fortiori si elles ne sont là que pour valider une théorie préfigurée ou étayer une position idéologique.

Après avoir exploré, dans une précédente recherche, le processus de création artistique et existentiel avec ses aléas, ses empêchements et son inscription au cœur de l'être[2], nous pouvons préciser le moment et les conditions d'ap-

---

2. Thierry Delcourt, *Au risque de l'art* (2007), *Artiste féminin singulier* (2009), *Créer pour vivre – vivre pour créer* (2013), Éditions L'Âge d'Homme, Lausanne.

parition d'une bascule progressive ou cataclysmique dans une crise. Celle-ci va s'imposer entre un mouvement créatif artistique et l'éclosion d'un trouble, d'une folie. Folie s'entend ici comme un terme générique de différentes formes de troubles psychiques, du délire halluciné à la paralysie mélancolique, de l'angoisse massive au passage à l'acte, dont le suicide, le plus souvent au moment où personne ne s'y attend. Il ne sera pas question ici, de se contenter d'une explication psychopathologique ou de poser un diagnostic psychiatrique sur un artiste qui laisse transparaître une souffrance, d'autant que ce genre d'affirmation repose souvent sur des dires incertains, des rumeurs tout aussi contestables que séduisantes car elles permettent d'entretenir le mythe de l'artiste fou, qui se vend bien. Il n'est pas, non plus, question d'interpréter une œuvre en prétendant y démasquer les signes d'un dérangement psychique. Tant de dérives odieuses de ce genre ont rendu le sujet glissant, entre les études psychologisantes prétentieuses et la mode du « docufiction », du « biopic », genre de film séducteur et trompeur qui ne fait qu'entretenir un malentendu et cause du tort aux artistes et à ceux qui tentent d'approcher et de penser leurs problématiques complexes.

Bref, il s'agit de ne jamais se fier aux apparences, que ce soit celles que l'artiste donne à voir à travers ses attitudes et ses comportements, ou celles qu'offre son œuvre à première vue. Par exemple, ce n'est pas parce qu'un artiste crée dans un expressionnisme où la chair est mise à mal, qu'il est lui-même en proie à un mal ou à une quelconque anormalité. À l'inverse, un peintre abstrait, dans la rigueur de son trait, dans l'ascèse de sa recherche de la forme pure, n'en est pas moins soumis, nous le verrons, à des souffrances vitales dont il se protège par son acte de façon parfois très précaire, sans que cela transparaisse dans l'émergence et le motif de son art. Il est aussi des folies qui se cachent sous la norme implacable d'une vie réglée, d'un art conforme à l'attente d'un public, de facture parfaite dans sa technique, et qui ne laisse rien voir d'une faille psychique ou d'un traumatisme dont la création est le pansement plus ou moins efficace.

ne l'est pas dans la réalité de la vie commune, ou qui ne fait tout au plus qu'y transparaître sans jamais se révéler en pleine lumière, au risque d'être censuré car obscène et cruel. C'est une autre réalité que tente de faire saisir le peintre. Accessible, affable, Francis Bacon s'est souvent plié au jeu de l'interview, et plusieurs vidéos sont disponibles en accès libre sur Internet. On y voit un homme posé, apparemment serein, qui explique patiemment ce qu'il convoque dans son geste et son art. Il n'y voit ni cruauté ni distorsion, mais comme il le dit souvent, un réel qui est bien en deçà de la cruauté du monde. Paradoxe encore, son souci d'une précision du geste et d'une pureté du trait, alors même qu'il peint dans un espace qui tient plus du capharnaüm que d'un atelier de peintre. Il l'a souvent dit, il ne pourrait créer sans ce chaos qu'il habite et dont il a besoin pour peindre. C'est là, dans ce désordre qu'il va puiser les éléments nécessaires à son acte : une photo, une image, une atmosphère qui lui permet de transcrire sa réalité, sa vérité. C'est grâce à ce chaos, qui ne correspond pas à l'incurie d'un syndrome de Diogène, que sa création parvient à mettre de l'ordre dans le monde. Ce n'est pas un paradoxe, mais un constat : de ce désordre, il parvient à agencer sa réalité, sa vérité, la beauté, et donc à maîtriser le chaos en soi autant que ce qu'il perçoit comme le chaos du monde.

Exister fut très tôt une épreuve pour Francis Bacon. Enfant fragile, il fut rudement éduqué par un père militaire et éleveur de chevaux. Les déménagements et l'atmosphère familiale pesante ont conduit Francis Bacon à refuser les contraintes et à chercher sa voie dans des chemins de traverse, loin du modèle paternel. Sa scolarité fut un échec. Son père l'a rejeté, et placé à 16 ans chez un éleveur, quand il a découvert sa marginalité et son homosexualité. C'est le début d'une vie étrange auprès d'un homme qui l'aimait et qui lui a fait découvrir le Berlin des années 1930, ville où Bacon a éprouvé une immense liberté, celle des plaisirs de la chair, celle de ne travailler que pour gagner ce qui suffisait à s'égayer, celle de ne plus se cacher ni se justifier. Ce fut le début d'une vie où l'alcool, le jeu et l'homosexualité assumée lui ont permis de se dégager du carcan éducatif et du poids énorme du jugement paternel. Mais sur le plan psychique, ça n'est pas si simple, et Francis Bacon n'en a jamais fini avec le sentiment de culpabilité. Un duel secret s'est joué derrière le masque de son affabilité. Il n'était épargné ni par la mélancolie ni par une solitude intérieure qui l'ont habité sa vie durant, et qui sont au centre de sa création.

À 30 ans, il a rencontré la peinture qui devint progressivement sa première préoccupation, mais tout aussi importante et complémentaire que boire, jouer au casino, retrouver des amis, aimer et affronter la passion jouissive, douloureuse et violente. Très engagé dans sa création, peintre le jour, il ne sacrifie jamais les longues soirées d'ivresse, de partage, de jeu et de sexe. Au fil de ses amours compliqués et chaotiques, Francis Bacon est de plus en plus habité par la mort car il perd plusieurs amis et amants, et parce qu'il a aussi, depuis son enfance conflictuelle, une conscience aiguë de la précarité de l'existence et du risque que fait courir la réalisation du désir. Le vieillissement, la perte, la mort suscitent en lui des angoisses, une forme de désespoir. Mais, encore un paradoxe, son désespoir est rieur, comme une mélancolie qui se saisit au plus vite de l'instant et tente d'en jouir, mais sans illusion. C'est son vertige, la dimension sensible de son être qui ne cherche pas à se cacher derrière des faux-semblants – ce sensible qu'on appelle à tort la part féminine car les hommes, les « vrais », n'y auraient pas droit, à l'instar de son père, droit dans ses bottes. Cette conscience aiguë le confronte à une solitude dans laquelle le conflit intérieur et le sentiment de culpabilité ne cessent de le tenailler, avec en filigrane, la figure du père. Dans un entretien de 1971[3], son ami David Sylvester lui pose la question de ses sentiments à l'égard de son père. Alors, Francis Bacon, réputé pour être pudique, lui répond :

> « Eh bien, je ne l'aimais pas, mais j'étais sexuellement attiré vers lui quand j'étais jeune. La première fois que je l'ai senti, je savais à peine que c'était sexuel. Ce n'est que plus tard, quand j'ai eu des aventures avec les palefreniers et les gens des écuries, que j'ai compris que c'était quelque chose de sexuel que j'éprouvais envers mon père. »

Il ajoute :

---

3. David Sylvester, *Entretiens avec Francis Bacon*, Éditions Skira, Genève, 1996 pour l'édition française, traduite par Michel Leiris et le biographe de Bacon, Michael Peppiatt (réimpr. Flammarion, Paris, 2013).

« Somme toute, j'ai eu une vie très infortunée, parce que tous les gens dont j'ai été réellement épris sont morts. Et vous ne cessez pas de penser à eux ; le temps ne guérit pas. »

Il serait tentant d'établir un lien de causalité direct entre l'aventure picturale qui transcrit sa passion dévorante pour la chair et le sexe, dans une dimension transgressive mise en scène par la distorsion douloureuse des corps meurtris, de l'effroi, de l'appel et du cri, avec l'histoire tumultueuse et jouissive de Francis Bacon, marquée par les ruptures, le rejet paternel, les expériences homosexuelles précoces, les sentiments troubles et exacerbés à l'égard des parents, jusqu'à éprouver une relation passionnelle et même sexuelle à l'égard de son père. Ce raccourci ferait l'erreur d'opérer une déduction simple entre sa création et son histoire dont on n'a que les éléments épars que Francis Bacon a bien voulu évoquer. Comme pour tout artiste, son œuvre ne peut se réduire à des explications psychologisantes.

On ne balaie pas d'un revers de la main ou d'un trait de pinceau son éducation, les valeurs et les croyances qu'elle grave au plus profond de soi, même si on s'en détache de façon radicale dans sa vie, comme le fait Francis Bacon qui revendique son athéisme et sa liberté sexuelle.

Sa fascination pour la crucifixion et la duplicité de la figure imposante dans le portrait du pape Innocent X peint par Velázquez, témoignent autant de son duel intérieur face à l'emprise du père et de la religion qu'il dénonce, que de son inclination et sa fascination pour le sacré. Le duel jusqu'au déchirement affectif, l'obsession de la transgression, l'exacerbation du désir, la lutte contre la tyrannie et le regard pesant du père... Tout cela n'est pas contestable, mais ça ne dit pas tout de l'expression singulière de l'artiste, et particulièrement de sa recherche picturale.

Regarder un tableau de Francis Bacon peut agir comme une déflagration. Habituellement, le public, troublé jusqu'à la nausée par la crudité de la chair, la cruauté de sa distorsion extrême et souvent douloureuse, évite de s'attarder. Mais s'il ne détourne pas tout de suite le regard, il est happé et fasciné par une représentation aussi énigmatique que terrifiante. L'écrivain Pierre Charras l'évoque dans un court roman[4] :

> « Ça a commencé par un frisson. De ceux qui vous secouent devant l'évier de la cuisine quand vous soulevez l'éponge et qu'une blatte file à toute vitesse se cacher derrière une boîte. Ou lorsque vous vous apercevez que ce que vous aviez pris pour un chiffon secoué par le vent, dans le caniveau, c'est un gros rat qui agonise. »

Ce n'est pas juste un effet de surprise, c'est un choc, un coup de poing dans le ventre qui fait se plier et suffoquer. L'expérience peut s'arrêter là si on parvient à fuir en fermant les yeux ou bien se poursuivre dans un moment unique fait

---

4. Pierre Charras, *Francis Bacon, Le ring de la folie*, Éditions Le dilettante, Paris, 2004.

L'être en danger et la force de l'art

de sensations, d'émotions et d'affects que la vie active et programmée nous évite ordinairement de ressentir.

Que se passe-t-il ? Comment une image distordue peut éveiller des sensations aussi fortes sans qu'elle corresponde à la réalité d'une scène de violence charnelle obscène ? Cela relève-t-il d'un événement choc, d'une situation vécue par Bacon, d'une résurgence fantasmatique dont les représentations et les sensations tellement justes, entrent en résonance et même dépassent ce que le peintre, interloqué, tente d'exprimer ? Bacon dit que la figure qu'il crée relève de l'accidentel car il ne la maîtrise pas tout en la laissant venir avec son intensité et sa force.

Francis Bacon a maintes fois répété que la vie était bien plus cruelle que ses tableaux. S'agit-il de « sa vie » ou de la nôtre aussi, ou de la vie en général ? Dans sa fiction, Pierre Charras nous entraîne dans les éprouvés intimes du personnage qui, passé l'instant d'effroi et de sidération devant la première toile, avance péniblement de tableau en tableau, comme s'il parcourait un chemin de croix, le parcours d'une « cruci-fiction » qui lui est jetée à la figure. La comparaison s'arrête là avec la procession sacrée, car il s'agit plutôt du chemin chaotique des souvenirs qui tombent en cascade sur le pauvre spectateur. Des flashs, des pièces détachées, des lambeaux de mémoire enfouie, l'assaillent. Il n'avait jamais envisagé, jusqu'à présent, la force traumatique des rencontres et des événements de sa vie. Chamboulé, ému, il tente petit à petit de rassembler les pièces de son puzzle au fil d'un parcours éprouvant. Il passe ainsi de l'effroi au vertige.

Les tableaux de Bacon agissent comme des miroirs qui lui renvoient par vagues, le flux de sa mémoire sensible. Il est comme la chouette clouée à la porte d'une grange, contrainte de voir défiler, impuissante, l'horreur de la vie, de sa vie, sans pouvoir y échapper. Pierre Charras fait le choix d'une dramaturgie tragique mais il met aussi en scène la jouissance liée à des souvenirs amoureux. Voilà la richesse du miroir kaléidoscopique que le peintre tend au spectateur. Le trait de Bacon ne se cantonne pas à être sismographe d'une réalité cruelle. Il agit en catalyseur d'émotions et de ressentis sensibles d'une mémoire cachée. Le catalyseur induit une vraie transformation. L'épreuve inconfortable du réveil de la mémoire et de l'écume sensible de l'inconscient a aussi un effet bénéfique car elle permet d'intégrer en soi les traumatismes vécus mais pas encore surmontés. À ce titre, le parcours d'une exposition de Bacon agit comme le rêve/cauchemar qui nous permet d'élaborer des représentations imaginaires acceptables même si elles restent désagréables, comme l'est à première vue une peinture de Francis Bacon. Grâce à cela, on ne tombe pas dans le trou d'un choc, d'un piège dont on ne pourrait pas se relever.

Certaines œuvres plastiques, musicales, poétiques ou d'art vivant recèlent ce véritable pouvoir d'évocation et de catalyse de l'imaginaire. Elles entrent instantanément en résonance avec des fragments chaotiques, enfouis et archaïques de nos mémoires inconscientes. Chacun a pu en faire l'expérience avec ses œuvres fétiches. Certaines sont universelles et méritent d'être élevées au rang de paradigme : *Le Cri* d'Edvard Munch, les *Winterreise* de Franz Schubert, *Le Petit Prince* d'Antoine de Saint-Exupéry et d'autres encore, mais aussi des mélodies emblématiques du répertoire de jazz et de variété...

On entend déjà la protestation de certaines personnes qui résistent face aux tableaux de Bacon : « Tout ça n'a rien à voir avec moi. » Elles veulent une vie pondérée, pacifiée, quitte à refouler ce qui dérange un semblant de sérénité sans douleur ni conflit. Mais un dicton se vérifie souvent et remplit les cabinets des psys : ce qu'on chasse par la porte, rentre par la fenêtre. Chacun en fait un jour ou l'autre l'amère expérience. Qui n'a pas connu dans son enfance l'effroi, l'angoisse de mort, le sentiment de tout perdre, la honte qui glace ? Une vie sans épreuve ni accident, ni conflit déchirant, est-elle possible ? On se dit, et Bacon le dit : il a connu de telles angoisses, déchirements et pertes qu'il n'avait d'autre choix que de les jeter à la face du monde à travers sa création angoissante, déchirée, souvent porteuse de désespoir. Il en parle dans les interviews où il accepte, pudiquement, d'évoquer sa vie chaotique, sa mélancolie, ses tourments, ses excès.

Mais son insistance à peindre la chair, à la faire saigner, à la tordre de souffrance et d'extase, va au-delà d'une expression douloureuse. Pour lui, c'est d'abord et avant tout une question de peinture : comment rendre en peinture sur un espace-plan, la réalité du monde sensible, la précision de ses sensations intérieures, et donc, la perception qui émerge d'un profond ressenti. Ses figures imaginaires et apparemment fantasmatiques, sont en fait abstraites, conceptuelles et virtuelles, mais il n'y a pas plus concret et réel que la peinture de Bacon. Car, figure il y a, même distordue et criante, mais sa fonction est d'exprimer un ressenti dual où la douleur jouxte la jouissance, où la beauté transcende la laideur, où la tendresse côtoie la violence, où la mélancolie lutte avec des forces de vie immenses, entre passion sensuelle, sexuelle, et surtout, la passion de peindre sa réalité, le fruit de sa perception neuropsychique.

Sans la peinture, il est probable que Bacon aurait très mal terminé sa vie chaotique, à l'instar de ses compagnons de beuverie, des êtres fragiles qu'il a croisés et aimés, des joueurs de casino invétérés qui finissent tels des rats agonisants dans le caniveau. Il a même dit que s'il n'avait pas peint, il serait peut-être devenu criminel. Mais ces hypothèses ne sont pas envisageables car la quête existentielle de Bacon passait, au-delà et avec sa mélancolie, au-delà et avec l'amour charnel, au-delà et avec l'ivresse, par son impérieuse nécessité d'exprimer à travers la peinture ce qui le taraudait et l'excitait. Il devenait l'acteur de son destin grâce et à travers sa recherche vertigineuse de l'expression la plus réelle à ses yeux, de ce qui est, sans cela, insaisissable.

On voit se dessiner trois degrés dans la quête créative inlassable de Francis Bacon jusqu'à sa mort en 1992 : celle d'exister pleinement et sans retenue, avec sa mélancolie, son désir, son conflit intérieur ; celle de l'exprimer au plus proche de sa perception clairvoyante de la réalité grâce au médium pictural ; celle de se confronter à la peinture avec sa technique, son histoire et son potentiel de vibration universelle.

Francis Bacon a réalisé des portraits et des autoportraits qui surprennent par l'étrangeté de leur distorsion, même s'ils ont ce point commun avec ceux de Picasso d'explorer sur un espace-plan les différentes facettes d'un visage afin d'en saisir l'énigme. Mais l'originalité de la perception que Bacon tente de transcrire dans ses tableaux, révèle un contraste des réalités, entre celle d'un visage riche d'expression, celle de ses sensations propres et d'un émoi qu'il peint comme en miroir, celle d'un réel presque insaisissable de la vie, un indicible, un ineffable au-delà de l'apparence, et en deçà des références culturelles admises.

Si Bacon peint les gens qu'il aime et qu'il trouve beaux, il a besoin, selon son expression, de les rendre laids parce que, selon son esthétique, il met ainsi en tension la réalité telle qu'il la vit et la ressent. Il a besoin de déformer la vie en peinture pour s'ouvrir au réel, non pas à la réalité mensongère qui se construit en nous dès la petite enfance, mais celle à laquelle il se confronte, celle que nous masquons par le voile de préfiguration de nos perceptions. Quand on regarde attentivement les portraits et les autoportraits de Bacon, on y perçoit un monde kaléidoscopique en mouvement, où se mêlent l'appel mélancolique, les grimaces du désir, l'intimité partagée dans l'amour, la lutte entre un défi violent pour se libérer d'une emprise et le silence étiré d'un effacement dans l'acceptation de la solitude et de la mort.

D'où lui vient sa torsion expressive complexe ? Comment la saisit-il en l'autre et en lui ? En fait, Francis Bacon prend le risque d'ouvrir une boîte de Pandore, celle de l'imaginaire et des fantasmes. Jusque-là, rien de très original, la plupart des expressionnistes y ont recours. Mais Bacon ouvre une boîte enfouie dans sa mémoire intime, dans les sensations primitives de son histoire et de l'histoire collective. Sa mémoire et ses sensations entrent en résonance avec le monde réel dans une forme de prescience perceptive. Il partage ce risque avec de rares artistes qui, tels des chamans mais sans user de pouvoirs surnaturels, sont capables de percevoir un arrière-monde où se côtoient des colosses et des chimères immémoriales. Nul besoin d'un don divinatoire pour accéder à cette intelligence sensible et intuitive qui ne trompe pas, et qui dit le fond de notre monde. Il lui suffit de prendre le risque d'ouvrir cette boîte, cette matrice[5]. Et ça, il ne l'a pas choisi, il l'a juste accepté. C'est inconfortable car cela fait de lui un écorché de la vie, mais c'est aussi la richesse qui lui permet de voir au-delà et en deçà du visible du commun des mortels et de le restituer.

De quoi est faite la matrice sensible ? Avant tout, des premiers émois, des sensations primaires que le corps et le psychisme ont enregistrés sans en avoir une perception consciente élaborée. Ce bagage précieux, parfois encombrant, nous accompagne la vie durant. Il est le prototype, il est le moule de nos futures perceptions. Il dicte nos attractions et nos répulsions, nos passions aveugles et nos alertes intuitives. C'est notre signature, en quelque sorte, l'ADN de notre monde singulier. Il n'y a pas plus de risque à y avoir accès, même si on paraît étrange aux yeux des autres, que de ne pas y avoir accès car, alors, on risque de répéter ses égarements et impasses morbides durant toute

___
5. Voir à ce sujet le développement que j'en ai fait dans *Créer pour vivre – vivre pour créer*, Éditions L'Âge d'Homme, Lausanne, 2013, avec notamment un schéma explicatif du processus de création.

L'être en danger et la force de l'art

sa vie. À la différence de ses compagnons capables de boire aveuglément jusqu'à la mort, même ivre, Bacon reste sur le qui-vive. Il ne renonce jamais à son ouverture sensible qu'il accepte, puis exprime en revenant face à sa toile, le matin suivant, pour y transcrire avec une insistance obsédante, ses perceptions.

L'atelier de Francis Bacon témoigne de l'effervescence de sa matrice psychique sensible et des télescopages de son imaginaire : la précieuse poussière accumulée qu'il utilise dans ses toiles, les photographies maculées, abîmées, maintes fois manipulées, les amas de papiers usagés, les tubes de peinture écrasés qui se répandent et mélangent leurs couleurs. Tout est là, pêle-mêle, dans son jus, sans que rien ne soit jamais jeté. Ces matériaux ne sont déchets qu'à nos yeux, car pour lui, ils sont précieux. Ils occupent son espace jusqu'à être à l'étroit pour peindre. Cela doit être ainsi, chaotique, avec l'interdiction de faire le ménage dans son accumulation car l'atelier est l'extension projetée, externalisée, de sa matrice sensible. Il est le terrain de son expérience.

Grâce à l'alchimie entre ses perceptions et sa mémoire, Bacon met en scène ses représentations, depuis les plus enfouies jusqu'aux fantasmes conscients. Il réussit ainsi un alliage entre le désir et ses entraves, sans édulcorer la dualité violente de ses sensations et de ses sentiments. Sa série des *Crucifixions* et, plus encore, celle des *Têtes* inspirées du portrait du *Pape Innocent X* peint par Diego Velàzquez, ont constitué un furieux terrain d'exploration du rapport au père, au sacré, du jeu de miroirs entre différents niveaux de réalité, de duplicité et de culpabilité. Malgré ses efforts pour s'en expliquer, ce que dit Bacon du sens et du motif de sa création ne peut pas être à la hauteur de l'emprise de ce qui le traverse dans l'acte de créer. La parole tend au déni par pudeur, et parce qu'elle est prisonnière du langage de la raison et de la volonté d'agir sur son destin. La peinture de Bacon, dont une partie de l'énigme lui échappe, en révèle plus sur l'artiste qu'il ne peut lui-même l'imaginer. Mais son sourire espiègle prouve qu'il est loin d'être dupe de ce que cela engage de son intimité cachée. Il sait sans savoir ce qui le hante :

> « J'essaye seulement de tirer de mon système nerveux des images qui lui soient aussi fidèles que possible. Je ne sais même pas ce que la moitié d'entre elles signifient[6]. »
> « Je travaille dans une sorte de brouillard de sensations, de sentiments et d'idées, qui me viennent et que j'essaie de cristalliser. Et ensuite, s'il surgit quelque chose et que je sens que ça va marcher, alors je deviens plus précis[7]. »

Enfin, ultime degré dans la quête de Francis Bacon, celui qui le passionne au plus haut point, c'est sa confrontation à l'expression picturale qu'il tente de maîtriser pour rendre au plus près une certaine réalité, telle qu'il la ressent. Il le sait, il prend le risque d'un rejet de son mode d'expression. Il reconnaissait avoir eu le besoin, dans un premier temps, de peindre l'horreur avec une violence qui a fait scandale. Il a

---

6. David Sylvester, *Entretiens avec Francis Bacon, op. cit.*, entretien 3.
7. *Ibid.*, entretien 9, datant de 1986.

L'être en danger et la force de l'art

dû passer par là pour parvenir à peindre le cri, c'est-à-dire, à travailler sur une abstraction de la figure du cri jusqu'à ce qu'elle devienne le support d'une évocation au plus proche de sa réalité interne, un réel virtuel. Cette figure, c'est aussi la sienne, intime, mais elle est ouverte et même offerte au potentiel d'imagination du spectateur, différent du sien, et distinct pour chacun. Ce n'est pas qu'une question technique, même si Bacon a innové dans ce domaine, mais le résultat de son acceptation de l'imprévu, de l'accident et du jeu créatif. Il a énormément ébauché et il a beaucoup jeté, car il acceptait de renoncer quand l'accident le menait à une impasse, ou à une étape qu'il n'était pas encore prêt à accueillir.

Ce n'est donc pas par la pensée ni le concept que Francis Bacon trouve, mais par l'accident et l'intuition dans son acte. Pour y parvenir, il n'hésite pas à tordre la technique picturale, les codes artistiques et esthétiques. Puis, sa pensée critique infirme ou confirme son geste, mais c'est toujours sa perception intuitive et sensible qui harmonise sa réalité avec celle qui se dégage du tableau, et qui, finalement, s'impose à lui comme à nous. Il dit :

> « Je sais ce que je veux faire mais je ne sais pas comment le faire. Si l'accident ne me donne pas un moment où je peux commencer à bâtir l'image que j'ai dans mon imagination ou dans mon cerveau, la toile est finie et je recommence une autre toile[8]. »

---

8. Entretien aux Bains-Douches, in *Francis Bacon, Le sacré et le profane*, DVD Artstudio/naïve, 2004.

« Je ne réalise pas mes peintures en pensée. Je pense à la disposition des formes, puis je regarde les formes se former d'elles-mêmes[9]. »

« Je crois qu'en art, la réalité est quelque chose de profondément artificiel et qu'elle doit être recréée. Autrement, cela ne rend que l'illustration d'une chose, illustration de très seconde main[10]. »

Alors, on peut se poser une question : pourquoi Francis Bacon a besoin d'un tel recours, celui d'abstraire la figure, de la tordre pour en extraire la réalité de la condition humaine, alors qu'à l'inverse, Marc Rothko, autre grand artiste de la peinture contemporaine, s'est progressivement détaché de la figuration, et même de la figure abstraite, pour s'approcher, lui aussi, d'une vérité de la condition humaine par une pure abstraction sensible ? En fait, le risque qu'a pris Bacon, c'est celui de ne pas dissimuler ni trahir ses éprouvés sensibles, qu'ils soient mélancoliques, sensuels ou sexuels. En cela, il est apte à exprimer la condition humaine, à lui donner une forme.

Marc Rothko, comme une vigie, se tient face au monde jusqu'à l'horizon vide, jusqu'au néant. Il veut, il tente de créer une ambiance, cherche à produire un transfert de vibrations sensibles au spectateur. Rothko fut classé, par soif de catégorisation des critiques d'art, comme un expression-niste abstrait. Ces critiques ont compris que nos vibrations

---

9. David Sylvester, *Entretiens avec Francis Bacon*, *op. cit.*, entretien 5, datant de 1975.
10. *Ibid.*, entretien 8, datant de 1982.

L'être en danger et la force de l'art

sensibles face à une toile de Rothko relèvent avant tout de la qualité de celle-ci à entrer en résonance avec le ressenti de celui qui la regarde, jusqu'à parfois le faire pleurer d'émotion. Rothko voulait une expérience intense entre la toile et le spectateur, et il l'avait précisé :

> « Je ne m'intéresse pas aux rapports entre la couleur et la forme ni à rien de tel. La seule chose qui m'intéresse, c'est d'exprimer des sentiments humains fondamentaux, la tragédie, l'extase, le destin funeste et ce genre de choses... Le fait que beaucoup de gens fondent en larmes en voyant mes tableaux prouve que je suis en mesure d'exprimer ce type de sentiments humains fondamentaux. Les gens qui pleurent en présence de mes tableaux font la même expérience religieuse que celle que j'ai faite en les peignant[11]. »

Bacon et Rothko ont tous deux rencontré la peinture assez tardivement, vers 30 ans. Si Bacon a mené une existence à haut risque entre alcool, sexualité débridée et création sans concession, s'il n'a pas caché sa mélancolie, il a aussi profondément aimé la vie, la chair, le partage avec les autres sans distinction de classe, et il a vécu jusqu'à 83 ans, un âge canonique sachant ses excès et les risques pris. Mais on peut dire que sa peinture l'a soutenu et sauvé du chaos. À l'inverse, Rothko est devenu de plus en plus solitaire, ascétique et

---

11. Jacob Baal-Teshuva, *Rothko*, parole recueillie auprès de l'artiste, Taschen, Cologne (Allemagne), 2003.

exigeant, face à son vide intérieur, mais un vide qui masquait un trop-plein écrasant, ce qui l'a conduit à l'impasse de l'existence et à affronter la mort. Il se suicide à 67 ans, seul dans son atelier comme dans sa vie, face à une œuvre qui perdait sa singulière vibration musicale, la signature de ses compositions et de son jeu de couleurs. Il avait perdu son âme, comme on le dit d'un violon et de sa qualité de résonance et de vibration sensible.

Aurélie Nemours : créer pour peupler l'absence

Francis Bacon et Marc Rothko sont tout à fait différents dans leur expression et leur approche formelle mais ils partagent le même besoin de transcrire au plus près la perception sensible de leurs tensions intérieures et de leur rapport au monde. Leurs interprétations picturales touchent intimement le spectateur et donc, leurs œuvres restent accessibles même s'il faut accepter d'y entrer, de s'en imprégner, et si elles font l'objet de controverses esthétiques. Aurélie Nemours a refusé cette expression-interprétation du monde sensible. Plutôt, elle semble en avoir cherché la source dans la pureté et la rigueur d'une abstraction géométrique et minimaliste. Même si elle n'est pas la seule artiste à explorer la structure originelle de la forme dans son rapport à la perception, elle fait figure d'indomptable de l'abstraction et d'artiste sans concession, de par la dimension d'ascèse de sa recherche et de sa vie.

Cette voie exigeante s'est imposée à elle du fait d'un parcours de vie douloureux et traumatique depuis sa

petite enfance, mais elle l'a aussi choisi dans sa recherche
d'équilibre tant sur le plan psychologique que spirituel.
Jusqu'à 94 ans, elle a épuré son trait jusqu'au signe ultime
d'un espace évidé, silencieux et austère. Tour à tour, elle a
éliminé la figure, la représentation, la courbe, la diagonale.
Elle n'acceptait plus que la droite horizontale ou verticale,
et le point.

Reconnue tardivement, comme la plupart des femmes
artistes, son œuvre n'en est pas moins devenue importante
dans l'art contemporain, bien qu'elle soit peu connue et
appréciée par un public souvent insensible à sa démarche
conceptuelle. En effet, comment se repérer dans une création qui cherche de façon aussi obsédante à se dégager de
l'expression, de l'émotion, de la chair, du tragique et des
affres de la vie, bref, de tout ce qui, habituellement, stimule
l'imaginaire des artistes et du public dans leurs perceptions
sensibles. Il n'y a aucune figuration, aucun objet, aucune
représentation identifiable dans son œuvre, et plus encore,
jusqu'au refus de la courbe, trop évocatrice d'une forme
de l'être, de la chair, au refus de l'oblique, témoin d'une
inclination qui pourrait séduire le penchant à ressentir,
à éprouver. Au contraire, Aurélie Nemours s'impose la
rigueur du point, de la droite, de l'intersection, du carré,
d'un espace fini, dans une tentative pour atteindre l'im-
manence d'un pur signe visible, d'un élément qui relève
presque du photon. Grâce à ce défi, Aurélie Nemours est
parvenue à s'apaiser et à préserver une crypte psychique
enfouie au plus profond d'elle, là où étaient neutralisés les
éléments tragiques de son existence.

Aurélie Nemours se devait de créer ce vide expressif et d'écarter sa subjectivité, pour parvenir à vivre et agencer son vide affectif. Mais sa recherche ne se limite pas à une nécessité psychique. Elle vise à extraire un signifiant élémentaire, une unité perceptive pour répondre à ses questions obsédantes : qu'est-ce que le visible ? Comment le restituer en peinture et en rendre compte ? Elle partage toutes ces questions avec ses contemporains, artistes, philosophes, psychanalystes et neuroscientifiques. Elle a donc voulu éliminer toutes les représentations que véhiculent les cultures et leurs conventions esthétiques, leurs codes de réalité, de langage et de pensée.

Pourquoi cette quête, avec son ascèse, dans une vie qui fut empreinte de méditation solitaire ? Aurélie Nemours n'était ni théoricienne ni mathématicienne, et ce n'est pas dans un dialogue esthétique avec les défenseurs de l'abstraction géométrique qu'elle a tracé ses épures formelles. Elle n'a d'ailleurs connu que tardivement les peintres Piet Mondrian et Kasimir Malevitch, chefs de file de l'abstraction géométrique. Aurélie Nemours était habitée par ce défi extrémiste, et si elle n'a pas devancé ses contemporains, elle a mené sa recherche sans s'en inspirer ni s'y rallier, avec ses propres questions et réponses.

Pour comprendre les enjeux de ce qui l'a obsédée sa vie durant, il nous faut faire un détour par son histoire tout en ayant en tête que son parcours et les événements, même quand ils paraissent déterminants, n'expliquent pas tout de l'œuvre. Ils permettent juste d'en saisir certains enjeux. Aurélie Nemours n'avait que 2 ans et demi lorsqu'elle a brutalement perdu son père, un artiste brodeur travaillant pour la maison Lanvin. Sa mère, dépressive, n'avait pas trouvé d'autre solution que de la placer en pension bien trop tôt au regard de son âge, 8 ans, mais surtout du double traumatisme qu'elle avait vécu, la mort du père et la dépression de sa mère. C'était une période de l'enfance extrêmement sensible, et qui plus est, le placement a eu lieu dans une institution religieuse rigoureuse, les sœurs de Sainte-Clotilde où la vie austère dans le silence était imposée aux pensionnaires. La psychiatrie a étudié l'impact redoutable et traumatique d'une telle situation sur un petit enfant, a fortiori quand il est abandonné à un moment crucial de sa vie. Si Aurélie Nemours a évité la dépression et le marasme psychologique, c'est parce qu'elle a trouvé par elle-même un recours, une résilience qui à la fois masquait et surmontait son drame. Aurélie Nemours, très pudique quant à son histoire et sa vie privée, refusait toute interprétation intime autour de sa recherche artistique. Elle s'est tout de même confiée un jour à Marie-Jo Bonnet sur son « éducation très sévère dans un silence obligatoire[12] » et les conséquences vitales qui auraient été dramatiques si Aurélie Nemours n'avait pas trouvé sa voie créative singulière.

En effet, comment réagit une enfant qui subit le traumatisme de la perte quand elle vit une seconde perte tout aussi brutale, par l'abandon dépressif de sa mère qui était la seule à pouvoir la sauver, puis, une troisième perte tout aussi

---

12. Marie-Jo Bonnet, *Les Femmes artistes dans les avant-gardes*, Éditions Odile Jacob, Paris, 2006.

éprouvante, celle de subir la violence et la froideur désaffectée d'un pensionnat religieux strict, loin de sa mère. Cet « internement » dans un lieu inconnu et hostile a provoqué des perceptions douloureuses et une perplexité renforcées par la dure réalité d'un établissement où le silence et la soumission étaient la règle. La médecine a décrit le marasme de l'enfant hospitalisé loin de ses parents, qui va jusqu'à se laisser mourir quand il vit le traumatisme de la maladie doublé d'un abandon, ou vécu comme tel, quand la proximité affective est impossible, même atténuée par un milieu soignant chaleureux, et quand manque la parole rassurante qui apaise la souffrance et la solitude.

Aurélie Nemours n'est pas morte car elle a trouvé, inventé et créé sa propre voie solitaire face à ces traumatismes. Puisqu'elle fut privée des affects parentaux, puisqu'elle ne pouvait espérer d'écoute ni de réponse à sa demande, tant sur un plan charnel qu'affectif, puisque la révolte était impensable, Aurélie Nemours s'est en quelque sorte moulée et identifiée au milieu qui l'a recueillie, comme on peut s'identifier à son bourreau. Elle a adopté un mode de vie non charnel, froid, ascétique, silencieux, dans la solitude et la conviction de l'inanité de l'affectivité mais aussi, et c'est son remède, sans révolte ni victimisation dans un destin tragique. De cette façon, elle a trouvé sa voie sans pour autant renoncer totalement à la quête inconsciente d'une marque sensible et affective venant du fond des origines, celle qu'elle a probablement connue dans les deux premières années vécues avec ses parents. Sa force vitale fut de trouver un fil ténu pour vivre malgré tout dans un compromis entre affect en souffrance et silence de l'âme, ce qui l'a conduite à la force de son engagement dans sa voie artistique.

La création d'Aurélie Nemours est le fruit d'une rencontre salvatrice entre une authentique recherche artistique et sa quête vitale d'une résonance d'un monde sensible primaire, dont l'enjeu est essentiel pour se sentir exister malgré tout. Elle a sa construction trouvée elle-même, c'est sa résilience. Sa recherche d'une essence du visible est en quelque sorte le carburant de sa vie. Dès lors que tout contenu de figuration et de forme est marqué du sceau de la trahison, du vide, de l'absence, Elle a dû vider ses représentations de tout contenu pour rester en vie, et pour ne laisser que transparaître sa perception de l'essence du visible, et peut-être même, pour elle, de l'essence de l'amour. Ce qui apparaît à nos yeux une démarche froide et désaffectée, est son unique moyen de raccrocher avec un lien affectif originaire.

Du point à la ligne, de la verticale à l'horizontale, de l'intersection au carré, elle parvient à extraire son signifiant élémentaire. C'est sur cette unité, ce trait simple d'empreinte perceptive, que se joue la résonance d'une résurgence affective par la répétition et le rythme qui en émane. Pour en saisir l'importance, il faudrait se représenter un otage dans un cachot sombre, avec comme seul indice de vie, un rai de lumière qui l'éclaire juste un instant dans la journée, ou un bruit régulier, seuls indices de vie dans un univers sans repères, là où il n'est question pour lui que de survie dans l'angoisse ou de chute dans le désespoir. Ce rai de lumière, ce bruit régulier représentent la précieuse unité d'empreinte perceptive qui, sans le réchauffer physiquement ni le rassurer, se fait l'écho d'une douce chaleur passée. Le combat de l'otage pour sa survie dépend de ce qu'il fait du rai de lumière ou du bruit. Il doit se concentrer dans l'absence et le silence, l'attendre avec patience dans une suspension méditative, puis il doit absorber pleinement la pâle lumière ou le bruit, au moment propice, car c'est la nourriture essentielle de l'espoir. Il semble qu'Aurélie Nemours n'a dû sa survie, enfant, qu'à s'astreindre à ce genre de quête vitale. C'est ce qu'elle restitue dans le dénuement de sa géométrie picturale, quand elle tente de représenter l'affect minimal grâce à la ligne, l'intersection et le jeu entre l'intensité du noir et les couleurs spectrales. Elle le dit à sa façon :

> « On se sert du noir parce qu'on sent qu'il y a une concentration, une densité qui est si forte qu'elle est de l'ordre de la lumière. Et puis il a cette plénitude du vide[13]. »

Il est tentant de penser que la démarche artistique et esthétique d'Aurélie Nemours n'était que défensive, qu'elle fuyait toute forme d'expression affective. C'est en partie vrai car sa seule alternative pour vivre malgré sa lourde histoire fut de se construire en renonçant à la forme caressante maternelle, à la parole contenante, à l'inclination affectueuse dans le sourire paternel. Il lui fallait créer un clivage efficace afin de maintenir le traumatisme infantile encrypté au plus profond d'elle.

---

13. Propos recueilli par Henri-François Debailleux, *Libération*, 30 août 1996. http://next.liberation.fr/culture/1996/08/30/aurelie-nemoursla-plenitude-du-vide_178640

L'être en danger et la force de l'art

Donc, elle a dû écarter tout ce qui ressemblait de près ou de loin à une enveloppe charnelle et à une forme affective. Le risque majeur de sa vie était de réveiller son traumatisme. La peinture a participé à ce clivage opérant et l'a protégée plutôt que de la mettre en danger. En cela, elle se situe aux antipodes de l'appel implorant tout en courbes et en inclination affective penchée vers l'autre des sculptures de Camille Claudel, elle-même en proie à un déchirement affectif presque de même nature. L'appel d'Aurélie Nemours est resté sans réponse paternelle ni maternelle, dans un vide abyssal, ce qui ne veut pas dire sans lien passionnel, ni sans espoir. Mais sa forme désaffectée rendait cet appel insaisissable, codé, et donc défensif et intouchable afin de ne pas revivre un désastre.

Pour Aurélie Nemours, à la place du lien, c'est le néant, le silence abyssal de l'abandon. Sa prouesse fut d'évider toute forme qui aurait pu la renvoyer à ce néant dévastateur. Pour cela, elle envisagea ce qu'elle a nommé *Structure du silence* jusqu'à la vibration du rythme simple, transformant le vide en plénitude, donc l'absence en présence. Elle dit[14] :

> « La forme est la chose du rythme et c'est le rythme qui est créateur... Le temps passant, j'ai compris qu'il y avait encore quelque chose avant le rythme : c'est le nombre... C'est là que la peinture commence... parce que le nombre n'a pas encore de figure. C'est justement le rythme qui va être la figure du nombre, et, à partir de là, on va jusqu'à la matière. »

---

14. *Ibid.*

Le propos peut sembler abscons, sauf si on le rapproche des pratiques spirituelles les plus exigeantes, telle la quête d'une plénitude du vide de la méditation extrême-orientale ou celle de l'anachorète qui voue sa vie à la pratique spirituelle extatique sans aucun recours distractif. Pour Aurélie Nemours, la peinture fut de l'ordre d'une révélation, d'une recherche de l'harmonie universelle, là où enfin, elle pourrait trouver sa place. C'est pourquoi elle peint la pureté de la trace et peut ainsi construire un autre destin, moins éprouvant que celui qui lui fut dicté par son histoire traumatique. La neutralisation de ses affects ne correspond pas à une simple défense obsessionnelle face à l'angoisse existentielle. Au contraire, elle parvient ainsi à des affects élémentaires qui ne dépendent plus de l'autre. Même si cela est difficile à envisager pour celui qui regarde son œuvre, elle se donne naissance dans et par la peinture, aidée par la poésie, un art qu'elle pratique dans le cadre de ses méditations.

Si Aurélie Nemours revient à sa source perceptive, c'est pour recréer sa vibration affective à partir de celle du trait réel. Son langage pictural, entre rythme et nombres, lui permet de tendre une passerelle pour exister sans souffrir. Elle a ce propos sublime face à Anne Tronche[15] où s'entend la trouvaille d'une verticalité méditative opposée au penchant du désir terrestre auquel elle semble avoir renoncé :

---

15. Aurélie Nemours citée par Anne Tronche, « Aurélie Nemours, un art du dévoilement et de la méditation », *in* Marie Hélène Dumas, *Femmes et Art au xxe siècle*, Le temps des défis, Éditions Lunes, Arles, 2000.

L'être en danger et la force de l'art

« La découverte de la portée spirituelle de la verticale m'a fait renoncer aux séductions tentatrices de
l'oblique. »

Ayant à l'esprit la démarche suprême d'Aurélie Nemours,
peut-être sera-t-il moins difficile pour le spectateur de se
laisser aller à un autre regard qui ne serait pas qu'intellec-
tuel et analytique, même si, dans l'approche formelle d'un
critique d'art, cela est nécessaire pour resituer l'apport de
son abstraction dans l'art actuel. Cet autre regard du public,
candide et ouvert, suppose de se placer dans la même
situation de méditation que celle de l'artiste quand elle a
créé. C'est loin d'être évident car le désir, le souci, la quête de
tout un chacun, ne sont pas du tout ceux d'Aurélie Nemours.
Nous aimons trop les courbes, les entrelacs, les figures avan-
tageuses du désir et les « séductions tentatrices de l'oblique »
pour entrer de plain-pied dans une œuvre aussi exigeante
par son minimalisme et aussi désaffectée, à première vue,
dans son style.

Si elle ne suscite généralement ni enthousiasme ni émotion,
l'œuvre d'Aurélie Nemours ne relève jamais de l'anecdotique.
Que ce soit sur le plan de la recherche artistique ou sur le
plan humain, elle touche à l'essentiel, avec la précision et la
légèreté des affaires les plus sérieuses, celles des perceptions
primitives, des sensations immédiates de l'enfant et de leur
impact originaire sur la construction psychique.

Salvador Dalí : la fantaisie enchante le monde

> « Je rêve à une méthode pour guérir toutes les maladies
> en tout cas les psychologiques. »
> Salvador Dalí[16]

Tout semble séparer Aurélie Nemours de Salvador Dalí : l'œuvre, la pratique artistique, la vie privée et publique. Ils ont tout de même un point commun, celui d'un engagement total, d'une énergie phénoménale à la mesure de leurs obsessions créatives. Ils n'ont pas hésité à prendre le risque du funambule sur le fil tranchant de la vie pour transcrire leur univers intérieur dans un acte artistique. Cette diversité dans le motif et la forme de leur création n'est possible que grâce à la capacité et à la force de l'art qui se prête et s'ajuste aux interrogations, aux voies et aux solutions de l'être face à son doute et à sa précarité. Si l'expression artistique répond à des attentes multiples et divergentes, celles-ci ont en commun de permettre d'instaurer et de préserver un équilibre psychique relatif, autrement impossible à trouver.

Mais qui est Salvador Dalí ? Tout et n'importe quoi a été dit sur lui. Il faut reconnaître qu'il a fait tout ce qu'il fallait, avec une jouissance non dissimulée, pour égarer le public et égayer le monde. Personnage public, trublion, électron libre et incontrôlable, il fut affublé des qualificatifs les plus dégradants, eu égard à son talent de provocateur notoire :

---

16. Salvador Dalí, *Le Journal d'un génie*, L'Imaginaire, Gallimard, Paris, 1996, p. 107.

cabotin, narcisse, bouffon, usurpateur, mégalomane, opportuniste, réactionnaire, fasciste, clown, passéiste, cupide. Bref, tout y est passé et il est encore mal venu auprès de l'intelligentsia culturelle d'apprécier un artiste à ce point ambigu et inclassable, y compris dans ses prises de position politiques sulfureuses. Mal aimé ou adulé, souvent incompris, Salvador Dalí, adopta une vie publique scandaleuse en orchestrant sa représentation spectaculaire. Il a magnifié la posture du bouffon et ouvert la voie à une lignée d'histrions des plus talentueux, d'Andy Warhol à David Bowie, suivis par des artistes actuels dont les prestations sont souvent plus hasardeuses que celles de Dalí, et plutôt destinées à les rendre visibles et à entretenir un marché de l'art de plus en plus spéculatif.

Mais qui est donc Salvador Dalí ? Certes, les anagrammes « AvidaDollar/SalvadorDalí » et « Arts-Star » lui vont comme un gant qu'il a toujours su retourner avec habileté. Pour cause, il l'a voulu et choisi, en témoignent ses nombreuses prestations et déclarations en ce sens. Indubitablement, ses mises en scène narcissiques, ses frasques et ses maladresses dignes d'un éléphant dans un magasin de porcelaine ont de quoi agacer un public exigeant. Mais les pattes de cet éléphant sont aussi hautes et majestueuses que celles, graciles, qu'il a peintes[17]. Si nous l'acceptons, elles nous transportent dans un autre monde, avec la magie du rêve et la folie de l'imaginaire, avec la jubilation de l'enfant complice d'une énormité digne d'un dessin animé où le délire et toutes les invraisemblances

____

17. Voir son tableau *La Tentation de Saint-Antoine*, 1946.

sont permis. C'est tout cela Dalí, avec force et fragilité, avec arrogance et doute, avec humour et mélancolie.

S'il y a un point sur lequel tout le monde s'accorde, c'est l'immense fantaisie de Salvador Dalí. Où est-il allé chercher ce qu'il nous était impossible d'imaginer avant lui, excepté dans le rêve nocturne abracadabrant qu'on oublie aussitôt, le matin venu, ou le moment semi-hypnotique, dit hypnago-gique, de l'endormissement, quand la réalité se dissout et que l'expansion onirique s'envole jusqu'à l'hallucination ? Dalí sait se saisir de ce trésor imaginaire, le cultiver et le mettre en scène, même et surtout si cela dérange la bienséance et les bonnes mœurs. Chacun a en tête ses images scatologiques, ses évocations des plus incongrues autour de la mort et de la sexualité, sans craindre le sacrilège et le blasphème, mais sans jamais renoncer à la dimension de sacré et de l'hom-mage qui hante son œuvre.

Contrairement à ce que l'on pourrait croire, Salvador Dalí ne crée pas pour séduire ni pour être aimé. Tel un bouffon qui ne ménage pas le roi, il bouscule le spectateur en lui assénant sa vision métamorphique et chimérique de la réalité. Il joue avec la forme, la distorsion, le masque et le dévoilement pour représenter sa réalité psychique hétéro-gène, qui oscille entre glorification, élévation et débâcle. Il est et se veut le grand provocateur, le démiurge qui nous tend son miroir déformant et semble dire face à notre perplexité oscillant entre fascination et ironie dubitative : « il ne fallait pas t'approcher, pauvre créature, tu l'as bien cherché ! » Il nous convertit en Sancho Pança ébahi et enchanté face à son maître égaré, chevalier errant à la triste figure. Sa fantaisie

L'être en danger et la force de l'art

créative et ce jeu avec le public constituent en quelque sorte son appel : regarde-moi, admire-moi, je me vois exister, prestigieux, divin à travers ton regard ; j'en ai fichtrement besoin. Sans cela, je ne le sais que trop, je ne suis rien qu'une marionnette inconsistante.

Cette interpellation du regard est cruciale pour Dalí. Si elle nous paraît relever d'une enflure narcissique, mégalomaniaque et ubuesque, en fait, elle est juste la transcription exacerbée d'une angoisse, celle d'exister, de trouver une identité solide grâce au regard de l'autre. Salvador Dalí est comme ces poupées russes colorées qui s'emboîtent : la plus grosse, la plus visible, c'est le personnage histrionique, fantasque et provocateur. La taille en dessous, un peu protégée, c'est l'artiste qui a pris le risque d'explorer, de dévoiler et de mettre en scène ses représentations imaginaires. La troisième, c'est le vacillement du doute angoissé d'un homme qui touche sa faille, son rapport au temps et à la mort. Et la dernière, c'est l'enfant désarmé, en désarroi, qui tente de préserver son intégrité tant bien que mal, au péril d'un effondrement psychique et d'une déliquescence du corps, de l'être, d'où le recours à ses étranges béquilles dans son œuvre molle. Plus on s'approche de la dernière poupée, la plus secrète car la plus fragile, plus l'appel est poignant. On le perçoit, mystérieux, dans les cartouches et les incises hiéroglyphiques cachés dans son œuvre.

Pour comprendre cet appel, il nous faut opérer le détour de l'histoire écrasante de Salvador Dalí. Né trois ans après la mort brutale d'un frère, il répond au même prénom de Salvador. Le père, également nommé Salvador, avait exposé la photographie du frère mort aux côtés d'une reproduction d'un tableau de Velázquez figurant une crucifixion. Salvador, c'est le sauveur, et le défi est d'autant plus fort qu'il est ainsi re-né, missionné d'une résurrection du frère mort. C'est un lourd héritage et une énorme responsabilité pour le jeune Salvador qui, de plus, ressemblait à ce frère inconnu et sacré. Aggravant ce contexte morbide de l'enfance, ses parents l'ont entretenu dans cette confusion, d'autant plus qu'ils prenaient soin de leur petit Salvador comme d'un prince fragile à qui on ne refusait rien, sauf de pouvoir exister pour lui-même. Il en parle dans un entretien avec Alain Bosquet[18] :

> « Le 5 juin 1958, le jour où notre ami commun le Dr Pierre Roumeguère, m'a lu sa thèse sur le mythe dioscurique (mythe de gémellité divine) de Dalí, j'ai alors ressenti avec d'incomparables frissons la vérité absolue pour la première fois : une thèse de psychanalyse m'a révélé le drame qui se trouve à la base de ma structure tragique. Il s'agissait de la présence inéluctable, au fond de moi, de mon frère mort, que mes parents avaient tellement adoré, qu'à ma naissance, ils me donnèrent le même prénom, Salvador. Le choc a été violent, comme celui d'une révélation. Il expliquait aussi les terreurs dont j'étais la proie, chaque fois que je pénétrais dans la chambre de mes parents, et que je voyais la photographie de mon frère

---

18. Extrait d'Alain Bosquet, *Entretiens avec Salvador Dalí*, Éditions du Rocher, Monaco, 1999 ; également cité *in* Max Gérard et Pierre Roumeguère, *Dalí, Dalí, Dalí*, Abrams, New York (NY, États-Unis), 1974.

L'être en danger et la force de l'art

décédé. Un enfant très beau, tout paré de dentelles, et dont l'image était particulièrement retouchée, à tel point que par contraste, toute la nuit, je me représentais ce frère idéal dans un état de putréfaction totale. Je ne m'endormais qu'à la pensée de ma propre mort et acceptant de me trouver à l'intérieur du cercueil, enfin en repos. Grâce à Pierre Roumeguère, j'ai pu constater qu'un mythe archétypique comme celui de Castor et Pollux avait pour moi un sens de réalité viscérale. L'expérience par les entrailles a donné raison à la structure mentale de mon être. »

Quelle issue possible à une telle collision mortifère dès la naissance ? Trouver son identité relève alors du défi, et nombreux sont ceux qui ne se remettent pas d'une telle engeance. Il ne s'agit pas que du prénom Salvador marqué du sceau de la mort, mais de ce qui oblige le jeune Dalí à la mission chimérique d'un ressuscité, celle de consoler et de satisfaire son père en côtoyant l'idéal et surtout, ce qui nous le rend accessible et finalement sympathique, celle de se construire malgré tout une image du corps suffisamment consistante aux yeux de ses parents, et ce, grâce au regard des spectateurs de sa scène publique et picturale.

C'est pourquoi Dalí adopta une vie chevaleresque qui ressemble à l'impasse existentielle de Don Quichotte, prisonnier de sa quête chimérique, et pourquoi il avait à ce point besoin de nous interpeller par la provocation. Sur le mode narcissique, au sens positif du terme, il s'est construit un corps et lui a donné consistance grâce au reflet mirifique qui a fait retour comme un regard fondateur de son être. Nous serions tentés de le prendre pour une vanité obscène, alors que c'était juste la tentative, la volonté et l'effort pour se faire naître et exister. Il y est parvenu en se mettant en scène là où ses parents avaient joué avec lui, c'est-à-dire en tant qu'objet mythique par ce tour de passe-passe de faire leur deuil à travers ce double fils adulé. Sa voie ne va donc pas sans un fol égarement qui peut déplaire à certains, celui d'un Ubu roi[19] parfois odieux, ce qu'on peut volontiers lui pardonner car on perçoit sa sensibilité, sa fragilité et on en contemple le fruit prolifique dans son œuvre magnifique et extravagante. Il a tenté de croire à cette place d'élu à la droite de Dieu, tout en n'étant pas dupe de ce piège tendu, celui d'être à la place du frère mort adulé et adoré car mort, tel un trésor déterré[20] : « J'étais le roi absolu de la maison. Rien n'était assez beau pour moi. Mon père et ma mère m'idolâtraient. »

On comprend mieux l'insistance de ce jeu en miroir où il aime se contempler dans l'illusion d'une puissance absolue, tel un Narcisse qui masque tant bien que mal sa faille identitaire, la faille du petit Salvador qui ne s'est jamais fermée malgré la rencontre structurante avec Gala, sa femme, sa muse, sa mère, son modèle. Ce créateur exigeant, ce travailleur acharné, cet homme fantasque et imprévisible était-il pour autant fou ? Il y a répondu une fois pour toutes

---

19. Alfred Jarry, *Ubu roi*, texte en ligne de la BNF, http://gallica.bnf.fr/ark:/12148/bpt6k709226.pdf
20. Salvador Dalí, *La Vie secrète de Salvador Dalí*, La Table Ronde, Paris,1952.

en anticipant la question par une ellipse en forme de slogan volontiers répété à qui le provoquait sur ce terrain. Il en acceptait le principe et la réalité sans qu'il ne soit réduit à la folie par ceux qui pouvaient ainsi discréditer ses mises en scène créatives et ses œuvres : « L'unique différence entre un fou et moi, c'est que moi je ne suis pas fou ! »

Dalí a expliqué sa voie créative et existentielle grâce à sa fameuse méthode *paranoïa-critique* qui revendique une ouverture sur la folie à condition d'y relier un acte lucide (donc pas fou). Cet acte parvient à puiser à la source du délire imaginatif de Dalí qui nous offre la perception de sa réalité psychique. Il démonte de façon jubilatoire et péremptoire, la fausse dialectique entre génie et folie, qu'il explore dans son œuvre et dans sa vie, jusqu'à l'aporie. Il fait voler en éclats cette dualité romantique qui nous empêche de penser ce que mobilise en chaque artiste l'acte de créer quand il va au plus profond de l'imaginaire. Son extravagante méthode pourrait se nommer une « folie pas folle », ce qui ne réfère pas à une folie psychiatrique. Dalí s'affirme et s'incarne en « Dalí-génie » grâce à sa méthode qui lui permet d'explorer sa folie et ses fantasmes jusqu'au bord de l'abîme de l'être, et donc du délire. Mais avant d'y parvenir, il n'est pas passé loin du gouffre de la folie. S'il n'avait pas rencontré son pilier et sa muse Gala, aurait-il réussi à parer à ce risque de la folie ? Car n'oublions pas que son angoisse de déliquescence, de délabrement et de mort, son complexe de culpabilité mêlé au complexe d'identité lié à son histoire traumatique, constituait un foyer de souffrance, de déréliction et d'effondrement psychique potentiel. S'il y a du génie chez Dalí, c'est d'avoir su trouver la voie qui lui permettait de vivre et de jouir, parfois douloureusement, en créant.

Alors qu'il fréquentait le mouvement surréaliste, le coup de génie de Dalí, très mal perçu par cette avant-garde plutôt rigide, fut de surpasser leur principe d'association libre poétique. En deçà des mots et des images, il a voulu atteindre la structure inconsciente de la fantaisie imaginaire qui les porte. Puis il a tenté la systématisation rigoureuse de cette exploration audacieuse. Son intention allait même bien au-delà. En créant ses œuvres, il voulait rendre objective, réelle, concrète et vérifiable sa réalité, c'est-à-dire celle de l'imaginaire et des fantasmes qui l'assaillaient. Plus encore, il a posé la question de la perception sensible de la réalité, affirmant et voulant prouver par son œuvre que cette perception était d'autant plus fiable que la subjectivité de chacun tenait compte de ses projections imaginaires sur le réel.

Sa lumineuse lecture de l'inconscient, de la perception et du rapport au réel ne se conçoit pas sans l'élaboration d'un processus créatif dont le but était pour lui, et pour d'autres artistes, de transcrire la réalité d'une forme en gestation au fond de soi. Et cette forme, c'est une vie qui demande à être enfantée, au risque du chaos de la forme. Il l'a tenté grâce à ses métamorphoses, aux représentations métaphoriques d'un délire onirique foisonnant, autour de sa perception de la réalité, marquée du sceau de ses fantasmes. C'est cela, sa création.

Or, si toute perception relève d'une interprétation subjective, l'hallucination est aussi une des formes d'appréhension de la réalité qui peut en révéler des facettes insoupçonnées. L'artiste prend le risque d'affronter une réalité qui n'est pas

L'être en danger et la force de l'art

prédéfinie, qui nous échappe. Il construit la réalité telle qu'il la découvre en regardant vraiment, au-delà de l'apparence des choses. Dalí trouve, pour l'expliquer, une formulation passionnée. Sa perspicacité tient au fait qu'il a réussi à tempérer l'expérience pénible des débuts de sa création sur le mode *paranoïa-critique*.

Grâce à la rencontre passionnée et fusionnelle avec Gala, qu'il nomma son « nucléus vivant », Dalí a trouvé à travers cette femme idéalisée, le noyau de sa consistance d'être, d'artiste, d'homme, s'éloignant du danger de la précarité et de la déréliction. Il aimait dire :

> « La systématisation la plus rigoureuse des phéno-
> mènes et des matériaux les plus délirants, dans l'in-
> tention de rendre tangiblement créatives mes idées
> les plus obsessivement dangereuses. Cette méthode
> ne fonctionne qu'à condition de posséder un moteur
> mou d'origine divine, un *nucleus vivant*, une Gala – et
> il n'y en a qu'une[21]. »

Dalí se plaisait à dire qu'il était un pervers polymorphe – l'expression est de Freud qui faisait ainsi référence à la sexualité infantile en lien avec la découverte des zones érogènes lors du développement neuropsychique. L'œuvre de Dali en donne une belle illustration esthétique, de l'œuf fusionnel à la dévoration cannibalique, de l'anus sacré à l'ex-

---

21. Salvador Dalí, *Le Journal d'un génie*, L'Imaginaire, Gallimard, Paris, 1996, p. 196.

crément divinisé, de la masturbation coupable à la fantaisie masochiste. Par ses constructions et ses distorsions audacieuses, Dalí a pu transcrire les fantasmes les plus cachés et osés de son psychisme, et par la même occasion, du nôtre. Ses corps déformés, augmentés, anamorphiques, mous et flasques, se sont invités dans sa peinture, transcrivant ainsi ses représentations érotiques et menaçantes, dans l'ambivalence et la dualité de ses luttes intestines. Son image du corps est polymorphique, comme le montrent ses tableaux qui la mettent constamment en scène dans des formes et des postures à haut potentiel symbolique. Et même si le sens nous en échappe souvent, tout y est significatif. C'est en quelque sorte la cosmogonie de Dalí.

Avant de rencontrer son *nucleus vivant*, Gala, le noyau focal où se cristallise sa création, les représentations oniriques, plutôt cauchemardesques, de Dalí, étaient chargées d'angoisse et marquées par la déliquescence et la putréfaction. On y percevait une confrontation à sa faille identitaire et à sa sexualité troublée, ce qui le mettait en danger. Ensuite, tout en restant à la lisière dc la folie mais sur le registre d'une fantaisie sans bornes, il a su exploiter cela avec rigueur et efficacité car sa jouissance surmontait sa charge autodestructive. Pour y parvenir, ses rituels de création étaient pour le moins surprenants. Par exemple, il s'imposait le port de chaussures trop petites afin de générer une souffrance extatique et de pouvoir projeter sur la toile les perceptions hypocondriaques de son corps. Ainsi, il parvenait à figurer ses projections paranoïaques à travers la distorsion, pour transcrire la souffrance et sa dimension sacrée. Il relate une de ses mises en condition pour le moins originales :

« Cette maladie a été un don du Bon Dieu ! Je n'étais pas prêt. Je n'étais pas digne d'entreprendre le ventre et la poitrine de mon *Corpus hypercubicus*. Je m'exerce sur la cuisse droite. Il faut que mon ventre guérisse et que ma langue soit proprissime. Demain je travaillerai aux testicules du torse de Phidias, en attendant la purification. Et puis il faut que j'apprenne à fondre parfaitement la pâte du centre vers les bords. Merci, mon Dieu de m'avoir envoyé ce trouble intestinal... Je peins la partie haute de la poitrine du Christ. Je reste presque à jeun pendant ce travail. J'ingurgite juste un peu de riz. L'été prochain, je me ferai un costume hyperblanc pour peindre. Je deviens de plus en plus propre. Je finirai par ne m'autoriser que l'odeur sublime et presque imperceptible de mes pieds mêlée à celle du jasmin derrière mon oreille[22]. »

En concevant ces conditions pour sa création, Dalí a pu accéder à une sorte de fabrique à fantasmes, celle de son inconscient bouillonnant, afin de réussir à créer l'objet le plus réel à ses yeux, l'œuvre métamorphique de sa *paranoïa-critique*, au plus proche de ses perceptions intimes. Ses formes à première vue délirantes nous échappent, sauf si nous parvenons à nous mettre dans une posture onirique similaire. C'est possible si nous lions le regard à un lâcher-prise et à une remémoration associative spontanée puisant au plus profond, à l'instar de ces lambeaux de rêves lorsqu'on se réveille sans être encore tout à fait conscient. On se sent

---

22. Salvador Dalí, *Le Journal d'un génie, op. cit.*, p. 118-123.

dans un entre-deux monde, celui de notre subconscient. Ces formes nous paraissent parfois informes et insensées, mais elles n'échappent pas à Dalí. Il les recueille, les choisit et les structure dans un entre-deux créatif, même si l'énigme persiste après coup, y compris pour lui. Il le reconnaît mais peu lui importe, car il n'en cherche pas le sens :

> « Car si l'œil est une chose miraculeuse, il faut savoir l'utiliser comme j'ai fait du mien qui est devenu un véritable appareil photographique mou et psyché-délique. Je puis le provoquer à faire des clichés, non des choses extérieures mais des visions de ma pensée. Celui qui est capable de les provoquer à volonté ignore la richesse de toute la réalité quotidienne et peut donner libre cours à la magie paranoïaque de ses hallucinations... Je ne me suis jamais drogué puisque je suis la drogue. Je ne raconte pas mes hallucinations, je les provoque[23]. »

Gala est la pièce du puzzle qui comble, stabilise et apaise Dalí dont les déclarations et la création passionnées en font sa divine muse. Elle est aussi la mère rassurante. En fait, elle est la part manquante de l'être androgyne qu'il rêve d'être dans une totalité narcissique, dans un fantasme autoé-rotique et autosuffisant confinant à la toute-puissance : avoir tout, être tout pour masquer une faille identitaire douloureuse. En 1950, lucide malgré tout, il intitule un de

---

23. Cité par Jacques Dopagne, in *Dalí*, F. Hazan, Paris, 1974.

L'être en danger et la force de l'art

ses tableaux *Dali à l'âge de six ans, quand il croyait être une jeune fille, en train de soulever la peau de l'eau pour voir un chien dormir à l'ombre de la mer.*

Avec Gala, il peut se pencher sans risquer de tomber et de se liquéfier. Il peut développer sa cosmogonie dont *Gala-Dalí-Gala* est le centre cosmique. Il peut enfin manipuler son matériau délirant, le peindre, l'exprimer avec légèreté, sans pour autant renoncer à sa mélancolie originaire. Il accède à une fantaisie inspirée des fantasmes les plus fous, mais sans avoir recours à l'impasse du délire pour contenir les hallucinations oniriques qu'il se risque à extraire de son être. Son jeu créatif, conscient, parfaitement orchestré et mis en scène et en spectacle, lui permet de maintenir la même force et la même richesse de son expression, sans trop se mettre en danger. À ses tableaux de la première période, d'une puissance phénoménale, *Le Grand Masturbateur* (1929), *Persistance de la mémoire* (1931), où sa problématique était cruellement exposée, succèdent des œuvres aussi chimériques, fortes et majeures mais sans douleur, dont la célèbre *Tentation de Saint-Antoine* (1946), et le *Corpus hypercubicus* (1954).

Homme de son temps bien que décalé, Salvador Dalí, tout comme Jérôme Bosch et d'autres électrons libres des siècles passés, connaît l'histoire de l'art et de l'esthétique. Il maîtrise parfaitement la peinture. Il s'inscrit à sa façon, sans concession, dans cette grande aventure, non sans un regard critique sur ses contemporains. Il est avide de connaissances éclectiques : psychanalyse et sciences dont la physique. Il y trouve ses sources pour mieux exprimer les étranges collisions corpusculaires de ses « idées les plus obsessivement dangereuses ». C'est sa réponse très personnelle au cubisme comme au surréalisme.

Salvador Dalí nous enseigne avant tout que la folie peut se domestiquer, qu'elle n'est pas synonyme de maladie, y compris quand on parle de psychose, de délire et d'hallucination. Il prouve que le génie, s'il existe, ne peut s'exprimer qu'à la condition de le travailler avec audace, exigence et rigueur, dans une ouverture sensible à la culture, et surtout en prenant le risque d'extraire de soi la substance créative qui bouillonne comme la lave du volcan. Il sait faire avec cet objet en voie d'extraction, de création, un objet virtuel car moulé en premier lieu par les représentations psychiques sulfureuses de sa lave intime, étrange et même parfois obscène. Tout cela, le commun des mortels se doit de le laisser en sommeil s'il veut vivre paisiblement... à condition d'en avoir réellement le choix par la résolution possible de son équation de vie et de désir. Celle-ci est-elle compatible avec ce qu'on fait de lui, ce qu'on attend de lui ? Si ce n'est pas le cas, que devient-il ? C'est une réponse suprêmement réussie que nous offre Dalí, qu'on apprécie ou non l'homme et son œuvre.

Loin de la superficialité du dandy esthète, Dalí a osé aller au-delà du miroir, puis, en bon diablotin, il nous a tendu l'envers du miroir, où chacun se risque à voir sa propre faille et « l'obscur objet de son désir ». En cela, Salvador Dalí est bien plus qu'un œil aiguisé, il est à la fois le photographe et la plaque photographique où se révèle et se fixe l'intime de chacun à son insu, dans une métamorphose sans pudeur.

Cette qualité, disons-le, démiurgique, lui permet d'appréhender les faces cachées de la réalité, celles qu'on se masque avec une certaine hypocrisie, utile pour exister malgré tout. Salvador Dalí porte nos fantasmes, notre folie et celle du monde. Il nous met face à une autre réalité que celle dans laquelle nous nous complaisons.

Alberto Giacometti, un funambule visionnaire

« Le silence éternel de ces espaces infinis m'effraie. »
Blaise Pascal[24]

Alberto Giacometti partage cette pensée pascalienne d'un vertige de l'infini jusqu'à l'effroi d'une plongée dans le silence éternel, avec la conscience aiguë de la précarité de l'existence. Comme de nombreux artistes, il revient cent fois, mille fois sur l'ouvrage car il a besoin de saisir l'expression de sa préoccupation dans les objets qu'il crée. Quand la préoccupation devient obsession, quand l'obsession occupe tout l'espace vital, est-on face à une forme de folie ? Si c'est le cas, la folie est-elle liée à la nature de la quête ou au processus obsessionnel épuisant dans lequel s'engouffre l'artiste, qui le subit comme une possession tyrannique ?

Alberto Giacometti s'est lancé à corps perdu dans la représentation de l'insaisissable. Il a voulu donner une forme à ce qu'il pressentait, sans pouvoir le saisir, d'une

____

24. Blaise Pascal, *Pensées*, Le Livre de poche, Paris, 1969, p. 58.

présence réelle dans le monde, le temps et l'espace. Mais quel événement, quelle situation, quelle perception l'ont obligé à se pencher sur un problème qui n'en est pas un pour le commun des mortels, jusqu'à risquer la chute dans la folie ? Vanité, inanité d'une préoccupation qui relève d'un empêchement à vivre, Giacometti partage cela avec le philosophe, mais il le vit intensément dans son corps et ses sensations déroutantes. L'équation de son existence ne lui a pas laissé le choix, Giacometti a dû tenter de calculer la variable inconnue qui dirigeait sa vie sans répit car cette inconnue dictait le fondement de sa conscience d'exister et de percevoir.

Son atelier, tel celui de Francis Bacon, ressemblait à une grotte infâme et chaotique dans laquelle seul Giacometti pouvait s'y retrouver, avec le rituel sacré de s'entourer des bribes et des débris de sa création, jusqu'à tracer sur les murs les arcanes de sa quête insensée.

Très tôt, Giacometti a commencé à sculpter et à dessiner. Mais vers 20 ans, tout a basculé. Auparavant, il était convaincu de son affaire, capable de représenter d'après nature, avec la conviction de saisir la réalité. Puis, tout a basculé, et cette réalité lui est devenue étrangère, insaisissable. Il avait compris qu'il ne pouvait plus copier la réalité car elle échappait, et il était vain de reproduire d'après nature. Après tout, rien d'original, si ce n'est devenir artiste dans l'air du temps, celui de l'abstraction. Mais Giacometti avait besoin de se confronter à nouveau au modèle, et alors, il s'est confronté à l'impossible. Ce qu'il décrit ressemble au moment inaugural de dépersonnalisation et de déréa-

L'être en danger et la force de l'art

lisation de la psychose, quand un être perd ses ancrages et flotte dans un corps et un monde qui lui deviennent étrangers. Alors, l'angoisse est telle qu'elle oblige à construire un délire pour se protéger du gouffre et éviter la chute fatale. Pour Giacometti, ce n'est pas le délire mais l'obsession créative qui va tenter de résoudre l'angoisse de la perte des repères. Funambule précaire mais tenace, Giacometti traçait la possibilité d'une forme de ce qu'il voyait, et ce, jusqu'à s'approcher de la perdition pour en dessiner les bords. Il a souvent dit qu'il n'y pouvait rien, que c'était plus fort que lui. Il s'est obstiné, car son besoin de saisir, de cerner la forme, la présence, le visage, était irrépressible. Dans un film réalisé en 1963, alors qu'il est atteint d'un cancer dont il mourra trois ans plus tard, il insiste sur sa quête infinie et son insistance à tout remettre en question chaque fois qu'il tente une sculpture ou un portrait :

> « Je travaille tout le temps. Je n'arrive pas à décrocher. Je ne travaille que pour moi, pour rendre compte de ce que je vois... C'est maniaque, ce n'est pas volontaire, c'est malgré moi, et je me demande si, sous prétexte de travailler, ce n'est pas une manie de tripoter de la terre ; le résultat est secondaire... et en même temps, j'ai la volonté d'arriver à quelque chose, pour en finir avec la sculpture... mais je n'arrive pas à commencer... hélas, c'est toute ma vie... Pourquoi la sculpture ? Parce que c'est un domaine où je comprenais le moins. J'espérais... je n'ai rien compris, mais il n'y a pas de

choix... il faut tâter le terrain pour trouver comment on pourrait faire de la sculpture[25]. »

De 1935 à 1940, pendant cinq ans, son frère Diego pose pour lui tous les jours, et toute la journée. Cette insistance d'Alberto Giacometti dépasse l'entendement, et jusqu'à sa mort en 1966, c'est du matin à minuit que se succèdent des heures durant, sa femme et ses fidèles modèles. Ils se soumettent à ces poses interminables qui exigent une grande concentration face à la tension créatrice de l'artiste. Les anecdotes ne manquent pas dont la plus célèbre fut la réalisation du portrait d'Isaku Yanaihara. Celui-ci n'imaginait pas qu'il aurait à annuler ses projets trois mois durant pour poser sans relâche face à un Giacometti toujours insatisfait, trouvant dans ce modèle japonais la possibilité de dégager sa vision de toute subjectivité. Si l'artiste et son modèle devinrent amis, il a fallu plusieurs années pour parvenir à un dessin acceptable aux yeux de Giacometti bien qu'il restât toujours insatisfait.

Ceux qui l'ont connu en attestent, il émanait d'Alberto Giacometti une présence intense, étrange, inoubliable, avec un regard vif, la parole précise et joueuse, l'insistance à toujours chercher le mot juste comme à appréhender des notions qui dépassent l'entendement de ses interlocuteurs. Sa singularité hors du commun était à l'image de sa production artistique qu'il ne pouvait juger qu'inachevée, voire à

---

25. Voir le film *Un homme parmi les hommes : Alberto Giacometti*, réalisé par Jean-Marie Drot, 1963, fonds INA.

L'être en danger et la force de l'art

peine commencée, mais comme un préalable à la possibilité d'une représentation de ce qu'il voyait, et qu'il pensait ne pas percevoir. Quand Giacometti parlait de son modèle, il ne disait pas *il pose*, mais *il me pose*. Ce pronom réfléchi volontairement choisi, car il maîtrisait la langue française, indique l'énigme et la réflexion, au sens d'entrevoir ce visage qui s'offre en échappant, et à la fois de s'y entrevoir en miroir. Giacometti pensait et réfléchissait la forme du visage par le geste créatif, car *être* lui posait une énigme, et même un mystère. Cet aller-retour infini entre lui et l'autre traduit sa quête infatigable, insensée aux yeux de tout un chacun. Il alla jusqu'à dire :

> « Je ne reconnais plus personne. Si vous me posez, vous devenez un inconnu total. Vous n'avez plus de caractéristique. Ça devient la tête de tout le monde, y compris pour ma femme et Diego. C'est comme une spirale, et ça ne fait que commencer... On ne peut jamais déchiffrer ce qu'on voit... comment une tête tient dans l'espace... l'apparence et le noyau, c'est la même chose. Je dirais même que l'apparence, c'est le noyau. L'art n'est qu'un moyen pour tenter de comprendre ce que je vois...[26] »

Dans ce jeu de miroirs trouble, Giacometti, fasciné par l'insaisissable apparence, creusait l'étrangeté de l'apparaître

---

26. Jean-Marie Drot, *Un homme parmi les hommes : Alberto Giacometti*, *op. cit.*

La folie de l'artiste

d'un visage à travers ses modèles. Il les scrutait, il les dévisageait jusqu'à ce qu'ils deviennent des inconnus indéchiffrables, une sorte d'essence objective de l'être. Mais à la fois, il cherchait à les envisager, à comprendre leur besoin, et le sien, de déployer une énergie énorme, rien que pour tenir debout en équilibre précaire, avec le risque permanent de chuter. Il projetait sur l'autre son angoisse face à la menace de disparition. Il affirmait sculpter pour se préparer à la mort, pour tenter de la maîtriser. Il voulait saisir une permanence, un absolu, une forme d'éternité, d'universalité, en fixant la structure par les traits d'un objet créé, tâche utopique mais vitale et impérieuse pour lui. Quand la nuit venait, l'angoisse et l'épuisement le faisaient déambuler de minuit à trois heures du matin dans le quartier Montparnasse, après des journées de création exténuantes. Puis il sombrait dans un bref sommeil chaotique, jamais dans le noir afin de ne pas être envahi par la terreur. On comprend pourquoi le film *Un homme parmi les hommes* finit sur une apostrophe agacée : « Vous trouvez que c'est drôle ? », indiquant à quel point son obstination était douloureuse.

Ce créateur funambule est tombé à plusieurs reprises, mais il s'est à chaque fois relevé. Sa chute la plus grave permet d'identifier le moment inaugural de dépersonnalisation et de déréalisation qui l'a obligé à sa quête créative. Conscient, à l'écoute de sa perception, il a réussi à l'exprimer très finement. Cela permet non seulement de mieux le comprendre, mais d'intellectualiser une démarche créative qu'il partage avec tous les artistes choisis pour ce livre. Ce moment angoissant s'est imposé après avoir vu et fixé dans

L'être en danger et la force de l'art

sa mémoire picturale le cadavre d'un ami. Les jours suivants, les cauchemars se succédèrent. Alberto Giacometti était hanté par les ombres menaçantes de son imaginaire. À travers l'angoisse de mort, il a revécu ses fantasmes d'enfant et ses souvenirs traumatiques. Ce fut une période de perte de contact avec la réalité, une terrible dépersonnalisation et d'aporie de sa quête de perception. Fini le recours rassurant à des préfigurations. Aveuglé, il voyait en deçà de l'image, du reflet, il voyait au-delà du singulier, de l'identifiable. Il l'a évoqué dans ses écrits :

« À ce moment-là, je commençais à voir les têtes dans le vide, dans l'espace qui les entoure. Quand pour la première fois j'aperçus clairement la tête que je regardais se figer, s'immobiliser dans l'instant, définitivement, je tremblais de terreur comme jamais encore dans ma vie et une sueur froide courut dans mon dos. Ce n'était plus une tête vivante, mais un objet que je regardais comme n'importe quel autre objet, mais non, autrement, non pas comme n'importe quel objet, mais comme quelque chose de vif et mort simultanément. Je poussai un cri de terreur comme si je venais de franchir un seuil, comme si j'entrais dans un monde encore jamais vu. Tous les vivants étaient morts, et cette vision se répéta souvent, dans le métro, dans la rue, dans le restaurant, devant mes amis... Mais en même temps que les hommes, les objets subissaient une transformation, les tables, les chaises, les costumes, la rue jusqu'aux arbres et aux paysages[27]. »

---

27. Alberto Giacometti, « Le rêve, le sphinx et la mort de T. », in *Écrits*, Éditions Hermann, Paris, 1990, p. 30.

On mesure l'enjeu crucial de sa vie à ce moment. Pour ne pas s'effondrer, il tente de saisir ce que c'est que voir et l'immense difficulté à le représenter, et à se le représenter. Alberto Giacometti n'avait pas le choix ; il n'avait pas la chance du commun des mortels qui ne se pose jamais ce genre de question. Piégé par cet enjeu, il alla jusqu'à penser et formuler à propos de ses créations que « plus ça échoue, plus ça réussit ». L'angoisse et la déréalisation de ce chaos perceptif alimentèrent sa quête abyssale d'absolu jusqu'à se défaire totalement de la perception usuelle, jusqu'à ne plus rien reconnaître. Ce qui apparaissait était frappé de disparition, d'une forme d'hallucination négative jusqu'à la néantisation à force de vouloir le saisir et le fixer. Mais il lui fallait dégager un visage et un regard pur, épuisant la figure jusqu'à sa représentation primordiale, fuyant toutes les conventions et les ajustements, refusant tout ce qui relevait d'automatismes interprétatifs de perception. Dans un entretien avec André Parinaud, il s'en est expliqué :

> « Je ne crée pas pour réaliser de belles peintures ou de belles sculptures. L'art, ce n'est qu'un moyen de voir. Quoi que je regarde, tout me dépasse et m'étonne, et je ne sais pas exactement ce que je vois. C'est trop complexe. Alors, il faut essayer de copier simplement, pour se rendre un peu compte de ce qu'on voit. C'est comme si la réalité était continuellement derrière les rideaux qu'on arrache... Il y en a encore une autre... toujours une autre. Mais j'ai l'impression, ou l'illusion, que je fais des progrès tous les jours. C'est cela qui

L'être en danger et la force de l'art

me fait agir, comme si on devait bel et bien arriver à comprendre le noyau de la vie. Et on continue, sachant que plus on s'approche de la « chose » plus elle s'éloigne. C'est une quête sans fin[28]. »

Ce regard pur, cette vérité objective d'une réalité qui s'extrairait de la subjectivité et de l'imaginaire, n'est-ce pas une utopie, une illusion et même une folie ? Alberto Giacometti reconnaissait lui-même l'inanité et l'insanité de sa démarche. Pourtant, celle-ci est tout sauf une folie car, dans l'épuration perceptive pour tenter une forme, il visait l'essence de l'être à travers ce qui apparaît. Pour creuser la profondeur et la densité d'une présence, il a pris le risque de la réduire jusqu'à l'infiniment petit, puis de l'étirer jusqu'à l'immensément grand. C'est cela qui rend l'œuvre de Giacometti précieuse car elle pose et met en lumière l'énigme de notre présence au monde et l'inouï de l'existence sans nous détourner ni nous séduire par les petits arrangements usuels de la perception et de la représentation qu'utilisent à leur insu les artistes, comme chacun de nous le fait au quotidien. Vivre sans être trop mis à l'épreuve, c'est réussir à transformer la force du réel sans les mots pour le dire, et produire une pensée, un discours de l'image, en usant des conventions de représentation. C'est ce que Giacometti s'interdisait car il avait, très tôt dans sa vie, perçu tout autre chose sous le voile de la réalité. Il n'a pas eu le choix de sa perception interrogative, et si folie il y a, elle se situe dans sa tentative pour résoudre ce mystère,

---

28. *Id.*, « Entretien avec André Parinaud », in *Écrits, op. cit.*, p. 275.

pas si vaine et pas si folle, puisqu'il est l'un des artistes qui a le mieux réussi à nous libérer des évidences trompeuses de la figuration.

La présence dévisagée de Giacometti peut prétendre à devenir un paysage d'être universel. Vincent Van Gogh le recherchait déjà à travers le rayonnement et les vibrations frémissantes des couleurs, tout comme Paul Cézanne qui tenta de saisir une vérité de la réalité perçue ou à percevoir grâce à la peinture, en proposant ses variations picturales autour de la montagne Sainte-Victoire. Accepter le chaos de la perception, puis réussir à l'organiser dans la quête d'une forme pure, voilà ce que ces artistes partagent. Si cette présence envisagée/dévisagée, fugitive, ineffable et à la fois organique nous saisit, c'est parce qu'elle touche un en deçà et un au-delà du regard. « Ce que nous voyons, ce qui nous regarde[29] », expression de Georges Didi-Huberman, indique cet effort de fusion avec les autres facettes d'une perception active, celle d'une forme en mouvement, celle d'une forme sans intention figurative, et celle d'un corps sensible, en éveil permanent.

Peut-on saisir une autre réalité, objective, sous le rideau de fumée des perceptions usuelles et familiarisées ? Y parvenir, c'est saisir le *réel* dont nous avons vu diverses formes à travers les démarches de Bacon, Dalí, Nemours ou Rothko. Ces artistes ont recherché sous la réalité perçue, ce qui lui donne déjà une forme avant même qu'elle passe par l'image

---

29. Georges Didi-Huberman, *Ce que nous voyons, ce qui nous regarde*, Éditions de Minuit, Paris, 2004.

L'être en danger et la force de l'art

et les mots. On comprend pourquoi cela peut conduire au vertige et au risque de chute dans un tourbillon vers l'abîme. Giacometti le dit à André Parinaud[30] :

> « Vous ne copiez jamais le verre sur la table ; vous copiez le résidu d'une vision... qui peut se traduire par un tout petit trait, par une petite tache... On le voit comme s'il disparaissait... resurgissait... disparaissait... resurgissait... entre l'être et le non-être. »

On pourrait penser qu'il s'agit là d'une incapacité, d'une anormalité de la perception au niveau neuropsychique. Eh bien non, car la prospection que s'impose Alberto Giacometti est de déconstruire la perception afin de la dégager de toutes les préfigurations culturelles, psychologiques et esthétiques. Par exemple, quand il dessine un œil par un mouvement circulaire insistant, il ne veut représenter que l'orbite, le creux du regard, dans une sorte de maelström, de mouvement infini en spirale qui donne à l'œil une dimension cosmique, orbitale, profonde, abyssale. Quant aux formes, Giacometti est aux antipodes de celles de son aîné Aristide Maillol qui offre les images séduisantes et généreuses d'une belle réalité traversée par les codes et les fantasmes communs. Giacometti refuse toute contextualisation de la réalité qu'il veut brute, sans bavardage, sans distraction.

---

30. Alberto Giacometti, « Entretien avec André Parinaud », in *Écrits, op. cit.*, p. 275.

Pourquoi une telle insistance ? On pense que Giacometti dénature la représentation, qu'il la détruit, alors qu'il veut, tout au contraire, lui donner sa vraie nature, son essence. Serait-ce l'égarement d'un fou dans son utopie délirante ? Pour le comprendre, il faut remonter à un de ses premiers souvenirs, celui qu'il considère comme essentiel dans sa quête obsédante. Son père lui fit découvrir une pierre étrange, un monolithe disposant d'une fente qui ouvrait sur une étroite caverne dans laquelle le petit Alberto aimait se lover et observer :

> « Tout de suite je considérai cette pierre comme une amie, un être animé des meilleures intentions à notre égard ; nous appelant, nous souriant, comme quelqu'un qu'on aurait connu autrefois, aimé et qu'on retrouverait avec une surprise et une joie infinies[31]. »

Cette pierre en forme de caverne était devenue son terrain de jeu, mais aussi celle qu'il observait avec insistance pour en découvrir le mystère. Jusqu'au jour où, s'éloignant un peu, il a découvert l'exact opposé de cette pierre accueillante :

> « Se dressait une énorme pierre noire présentant la forme d'une pyramide étroite et pointue... La pierre me frappa immédiatement comme un être vivant, hostile, menaçant. Son existence m'était intolérable... Il m'arriva néanmoins de m'approcher d'elle, mais ce

---

31. Alberto Giacometti, « Hier, sables mouvants », in *Écrits, op. cit.*, p. 7.

L'être en danger et la force de l'art

fut avec le sentiment de me livrer à quelque chose de répréhensible, de secret, de louche. Je la touchai à peine d'une main avec répulsion et effroi[32]. »

Quelle place occupe ces événements dans la vie et l'œuvre d'Alberto Giacometti. On ne peut que constater l'importance de ce souvenir qui a hanté son enfance et du clivage opéré par le jeune Alberto face au danger lorsqu'il perçut une dualité entre sa pierre caverneuse fendue et l'imposante roche noire hostile, aussi fascinante que menaçante. Cette dualité, Giacometti l'a vécue dans son corps puis l'a mise en scène durant toute sa vie créative entre son angoisse du noir, la présence sournoise de la mort et sa quête d'une forme épurée, si possible dégagée de toute accroche fantasmatique, de tout appel du regard, de toute séduction. Rechercher l'essence de l'être était-il une tentative, certes utopique, de revenir au temps enfantin d'avant la dualité, d'avant la souffrance du conflit entre l'invitation d'une roche-mère et la menace d'une roche-commandeur ?

Pour parvenir à cette origine pure, Giacometti est passé d'une première phase de réduction jusqu'à la disparition, une sorte de minuscule figure du vide, à une phase d'étirement et de perte de matière jusqu'au trait pur dans ses sculptures, et au concentré nerveux de ses cercles concentriques dans ses portraits. Il a créé sur le mode d'une défiguration-refiguration jusqu'à la structure filiforme précaire, l'aboutissement d'une figure pure du réel. Il tentait

---

32. *Id., ibid.*, p. 8.

d'éviter que surgisse l'imaginaire conflictuel qui menaçait sa quête d'un réel qu'il voulait objectif. Si la réalité renvoie à un imaginaire qui est loin d'être confortable, Giacometti se doit de l'épurer à l'extrême pour se protéger d'un surgissement fantasmatique intempestif, sans pour autant échapper à sa forme basique d'angoisse de mort, de perte, de disparition. Cela n'enlève rien à la validité esthétique de sa démarche et à la légitimité de sa recherche artistique. Mais il reconnaissait lui-même que sa quête obsédante était une boucle infernale qui l'épuisait car il cherchait à évider l'apparence, à la dépersonnaliser, jusqu'à ne plus rien reconnaître, même ses plus proches. Il se risquait à évider le miroir que lui tendait l'autre jusqu'à parvenir au vide, au *rien* qui lui faisait face. C'est une sorte d'hallucination négative, c'est-à-dire jusqu'à ne plus rien voir dans le miroir, sauf peut-être l'ombre de la roche noire de son enfance qui l'obligeait à errer dans la nuit éclairée sans parvenir à dormir.

En 1933, son père meurt, et, l'année suivante, Alberto Giacometti réalise la sculpture la plus énigmatique de son œuvre, *Le Cube*, un polyèdre noir à douze faces plus un socle, inachevé et remanié à plusieurs reprises comme toutes les productions de l'artiste. Cette sculpture a fait couler beaucoup d'encre dont celle de Georges Didi-Huberman qui évoque « un objet de haute solitude », et qui alerte sur la tentation de réduire l'objet à une cause trop facilement accessible, celle de la représentation d'un Commandeur, d'une figure paternelle menaçante, celle d'un hommage en forme de deuil de ce père, figure majeure et conflictuelle qui lui donna son nom et son inclination artistique jusqu'à l'obsession :

L'être en danger et la force de l'art

« Ce n'est pas en termes de cause psychobiographique
qu'il faut envisager le rapport du cube avec le père
mort de Giacometti, mais en termes de paradigme...
un véritable nœud figural... le repère de toute figuration [...] »,

et, paradoxe :

« le paradigme paternel agissant, non plus exactement
comme repère, mais au contraire, ou par contrecoup,
comme interdit de la figuration[33]. »

Le Cube, figure de l'absolu, de ce qui ne se représente pas,
nous fait aussi penser à la roche noire angoissante de l'enfance d'Alberto Giacometti. Grâce à sa dimension fondatrice
de mystère irréductible, *Le Cube* représente le roc existentiel
qui hanta le processus de création de Giacometti. En tant
qu'abstraction, ce polyèdre dialogue avec celui dessiné par
Albrecht Dürer, sur la gravure *Melencolia I,* devenue la référence incontournable qui hante l'histoire de l'art, mais aussi
de la folie dans son lien avec la création. Cette stèle symbolise le rapport mélancolique d'Alberto à son père. Elle n'est
pas que liée au deuil mais à la figure idéalisée et inaccessible
d'un père aussi attractif que menaçant. Un fantasme dangereux s'était invité dans l'imaginaire du jeune Alberto quand
il fut pris dans son duel entre les deux roches chimériques de

---

33. Georges Didi-Huberman, *Le Cube et le Visage. Autour d'une sculpture
d'Alberto Giacometti*, Éditions Macula, Paris, 1993, p. 99-103.

son enfance. Il semble que la menace psychique fut telle que la défiguration et l'évidement se sont imposés pour figurer ce réel angoissant.

Giacometti a dû construire un bord protecteur à son être en danger, pour l'étayer, pour le faire tenir debout, pour se protéger de l'angoisse térébrante. Il est loin d'être le seul artiste à avoir eu besoin, par son processus de création, de construire inconsciemment ce bord pour se protéger de la chute, de la déstructuration, de la mort par autodestruction. Sylvie Le Poulichet l'évoque à propos de Bram van Velde, mais la phrase est tout aussi valable pour Giacometti : « Tenter un bord primordial de l'être comme condition première de l'acte d'exister face au danger d'une néantisation[34]. »

Il ne s'agit pas seulement d'une ligne de démarcation qui permettrait un clivage protecteur, mais d'un trait simple, d'une épure, d'un bord, d'un garde-corps, et à la fois d'un fil tendu sur lequel le funambule en danger peut se sentir enfin exister, tel *L'Homme qui marche*, sa célèbre sculpture. On comprend l'importance pour Alberto Giacometti de la ritualisation, de la répétition, de l'insistance d'un trait infini, de l'inachèvement, pour tendre ce fil ténu en continu, pour ne pas tomber, car il en avait eu très tôt un avant-goût pénible, voire effrayant. C'est cela que Giacometti a tenté de faire entendre lors de ses interviews, mais aussi à travers ses défis, ses errements et ses paradoxes, là où un échec pouvait devenir une réussite, celle entre autres, de ne jamais

---

34. Sylvie Le Poulichet, *L'Art du danger. De la détresse à la création*, Anthropos, Paris, 1996.

L'être en danger et la force de l'art

s'arrêter, de construire une permanence de l'être par l'acte et non par l'objet, de tenter une éternité, et d'exorciser la menace de la mort.

Gérard Garouste, du chaos à la naissance de l'art

« Toute la folie peut être contenue dans un tableau. »
Gérard Garouste[35]

Les propos de Gérard Garouste nécessitent souvent un décryptage. Ils sont aussi riches et énigmatiques que sa peinture. Que signifie pour lui le mot « contenue » dans la phrase : « Toute la folie peut être contenue dans un tableau » ? C'est une des clés pour ouvrir l'univers d'un des plus grands peintres français actuels, souvent commenté, toujours incompris, et pour cause, puisqu'il ne cesse de chercher et à la fois d'égarer les spectateurs et les critiques par ses énigmes. Il en a fait part, agacé, quand nous évoquions la relation entre création et souffrance psychique :

« Les artistes qui jouent au Van Gogh avec l'alcool et la drogue, ça m'emmerde. Van Gogh, lui, peignait quand il allait mieux. Miró, lui, peignait en charentaises. Toute la folie peut être contenue dans un tableau[36]. »

35. Gérard Garouste a tenu ce propos lors notre premier entretien le 22 novembre 2004 dans le cadre d'une recherche sur le processus de création.
36. Thierry Delcourt, *Au risque de l'art*, L'Âge d'Homme, Lausanne, 2007, repris *in extenso* dans *Créer pour vivre – vivre pour créer*, même éditeur, 2013.

La folie de l'artiste

Gérard Garouste sait de quoi il parle car sa folie est d'un autre registre, plus dramatique, que la fantaisie burlesque d'un Salvador Dalí. Il a vécu et vit encore avec le spectre d'une folie qui ne le quitte pas, l'oblige à une vigilance constante, à un traitement médicamenteux continu au risque de connaître la réitération d'accès d'exaltation délirante, puis dépressifs, aussi éprouvants pour lui que pour ses proches. Sa création lui permet-elle de contenir, au sens de le protéger des accès de folie, ou ses tableaux contiennent-ils, sous forme de rébus, les clés d'une compréhension de sa folie, de celle de nous tous et d'un monde dont il tente de décrypter l'énigme à travers les racines du langage, des langues et de leurs icônes ?

Le dessin et la peinture sont pour lui un terrain d'expression plus vraie, plus ouverte. Il y libère le foisonnement de son imaginaire mieux qu'avec les mots, et surtout quand les mots manquent car ce qu'il veut exprimer est impalpable. Il y parvient sans que cela bascule dans la folie, tout en la mettant plus ou moins consciemment en scène. Le bord primordial évoqué à propos d'Alberto Giacometti est encore plus adapté à Gérard Garouste. Mais s'il s'agit d'un même bord, celui qui protège ces artistes du gouffre, Garouste n'a pas la même façon de se border ni de se prémunir du risque de catastrophe existentielle.

Depuis ses débuts sur la scène artistique à l'âge de 25 ans, Gérard Garouste invente, explore une forme très originale de figuration qui joue sur un registre imaginaire solidement ancré aux racines et symboles qui traversent les cultures. Son approche symbolique s'est enrichie et complexifiée au fil de sa recherche créative et de sa fréquentation assidue des écrits fondateurs de notre civilisation dont il pratique l'exégèse. Paradoxalement, ce fou apparaît aujourd'hui comme un sage qui approfondit et éclaire la connaissance de ces textes et des signifiants fondateurs. En fait, rien de plus logique car, est sage celui qui n'est pas dupe de sa possible folie et qui tente d'en comprendre l'énigme.

Après nos entretiens de 2004-2005[37], Gérard Garouste a mis en lumière et en peinture ses accès de folie, son chaos psychique et sa douloureuse histoire familiale et personnelle dans l'exposition « La Bourgogne, la famille et l'eau tiède »[38]. Puis vint la publication de son livre *L'intranquille*[39] où il se montre à visage découvert, puis de nombreuses interviews et des interventions dans des colloques et les médias. Il est tentant de penser qu'il est enfin possible de lire à livre ouvert dans les créations et les mots de Gérard Garouste, mais s'il a voulu tomber le masque, les énigmes sont toujours là, pour nous comme pour lui. On peut juste dire qu'il est apaisé et libéré d'une chape mélancolique tellement pesante. Il a conquis une assise plus solide, une légitimité mieux enra-cinée, ce dont témoigne sa production actuelle, libérée d'un psychisme souffrant. Sa créativité n'est pas desséchée pour autant, car ce n'est pas sa folie ou de vouloir la soigner qui

---

37. Thierry Delcourt, *Au risque de l'art, op. cit.* (Garouste avait évoqué auparavant sa folie lors d'entretiens, mais de façon parcellaire et sans inci-dence directe artistique ou médiatique.)
38. Galerie Templon, janvier-février 2008, avec réalisation d'un catalogue éponyme.
39. Gérard Garouste (avec Judith Pérignon), *L'Intranquille. Autoportrait d'un fils, d'un peintre, d'un fou*, Éditions de l'Iconoclaste, Paris, 2009.

La folie de l'artiste

l'avait poussé à créer. C'eût d'ailleurs été un échec car sa création ne l'a pas empêché de traverser de pénibles accès de délire et de dépression.

Les strates de son être, accumulées au fil du temps et des épreuves, se révèlent à travers les multiples facettes de sa création. Chacune, comme pour l'oignon ou la poupée russe, est la pelure qui protège une autre, encore plus intime et promesse d'une nouvelle énigme. Gérard Garouste n'a pas réellement choisi sa voie créative en forme de rébus mystérieux. Elle s'est imposée. Il a pris le risque de l'explorer et de se regarder sans concession, de se dévisager et désormais, de pouvoir s'envisager dans les fondations de la culture.

La première strate visible prend une place de plus en plus importante à mesure que Garouste se plonge dans l'exégèse des textes dits sacrés (Bible, Torah, Talmud), après avoir fréquenté les grandes épopées de la littérature, de *La Divine Comédie* de Dante au *Don Quichotte* de Cervantes. Garouste élabore sa pensée philosophique qu'il associe à l'acte de peindre. Ainsi, il tente la représentation la plus fidèle, mais aussi très subjective, des écritures fondatrices. Ce voyageur immobile explore nos bases culturelles et se les approprie. Cette strate a une fonction d'enracinement car elle constitue, grâce à ce choix, une ouverture à la connaissance que Garouste s'est enfin autorisée, lui qui avait été, et s'était longtemps considéré comme un cancre incapable d'accéder au savoir et à la culture. L'inscription de lettres, de symboles, de textes sacrés et de signes cabalistiques dans son œuvre, surprend et interroge le spectateur qui, perplexe, a le sentiment d'une incapacité à accéder à une œuvre jugée par certains trop cérébrale et impénétrable. Il est logique de vouloir comprendre et maîtriser ce que l'artiste exprime afin de se projeter dans son œuvre et de se rassurer, mais la part d'énigme, de ce qui ne se laisse pas saisir a priori, fait aussi la richesse de l'œuvre de Garouste.

Sous cette strate s'en cache une autre en un réseau d'arcanes qui s'appuie sur des références symboliques et spirituelles. Garouste part de mots qu'il extrait des textes sacrés et qu'il écrit à même la toile. Il les relie à sa narration picturale par la figure qu'il interprète en y imposant une distorsion très étrange des corps. Grâce à ces messages figuratifs cryptés, il accède aux questions qu'il ressent comme fondamentales et qui hantent son esprit passionné. Usant de signifiants et de pictogrammes symboliques qu'il tord dans sa peinture, il tisse des liens entre les grands mythes et ses pensées, ses tourments qu'il contextualise dans sa figuration. Grâce à sa volonté d'exégèse et à sa transcription en peinture des textes sacrés et des mythes monothéistes, il parvient à apprivoiser sa folie, à comprendre et exprimer les débordements de sa fantaisie, et donc à s'inscrire solidement dans la culture. C'est pour lui un garde-fou.

Strate plus profonde encore, celle qui émerge furtivement dans l'acte intuitif de ses dessins de téléphone[40] et des esquisses qu'il emmagasine dans ses nombreux carnets

____

40. Lors de nos entretiens, Garouste évoqua l'importance de ces dessins automatiques, dont certains, repris dans ses cahiers d'esquisse, sont une source inépuisable de création spontanée qui se prête à l'élaboration.

toujours prêts sous la main. Il choisit parmi ces esquisses puis les met en œuvre dans le lâcher-prise de l'atelier, face à la toile. C'est là que Garouste parvient à toucher au plus près ce qui ne cesse de lui échapper, le motif inconscient, le fantasme originel qu'il découvre et qui se constitue dans l'objet créé. Il parvient ainsi à un noyau, à un secret qui lui est, comme à nous, le plus souvent inaccessible, mais que ses mises en scène mythiques lui permettent d'entrevoir. Cette opération n'est pas sans danger. Il sait que ce noyau est un concentré d'imaginaire, un volcan actif prêt à exploser mais sans savoir réellement quand, pourquoi et comment. Au fil de l'élaboration intellectuelle et picturale, Garouste entrevoit des réponses apaisantes à ses questions existentielles angoissantes.

De tous les artistes que j'ai rencontrés et écoutés attentivement, Gérard Garouste est celui qui permet de saisir au mieux les enjeux multiples du processus de création, à travers les dimensions intimement liées de perception, de mémoire et d'acte de création. Face à l'abandon, à l'échec, à la dépression et à ses crises hallucinatoires et délirantes chaotiques, il a dû opposer une quête salvatrice à travers son acte artistique, sa pensée et son expression. Il a toujours défendu ses choix esthétiques en les inscrivant dans l'art contemporain, sans craindre d'être à contretemps, ce qu'il n'est assurément pas, comme le prouve la valeur enfin reconnue de sa démarche artistique et de son œuvre. Sa passion de peindre est une passion de transcrire les arcanes de l'existence en peinture : « Je cherche des vérités qui sont bien au-delà de la peinture. La peinture devient finalement assez accessoire par rapport à mon questionnement[41]. »

Non seulement Garouste puise dans les origines immémoriales qui l'habitent, mais il sait utiliser les perceptions qui l'ont envahi depuis son enfance y compris celles, traumatiques, qui ne cessent de le hanter. Quand sa main dessine, peint ou sculpte, elle se frotte au plus intime de sa mémoire sensible et de ses perceptions précoces, particulièrement celles qui sont indicibles. C'est par la distorsion du corps, à la fois métaphorique et symbolique, par ses anamorphoses et ses audacieuses métamorphoses, par la mise en scène de son désir et de son angoisse qu'à l'instar de Francis Bacon, il parvient à exprimer ses représentations inconscientes les plus secrètes et les plus indicibles. Mais il doit constamment veiller au risque de chute dans le délire et la dépression. C'est, dit-il, ce qui lui a fait choisir le cadre contraignant de la surface d'une toile, de l'espace-plan cadré du tableau, d'une technique classique et de l'application des règles et des techniques traditionnelles de la peinture. Grâce à la contrainte qu'il s'impose, il parvient à s'exprimer librement car, d'avoir fréquenté le délire et l'asile, il sait ce que la liberté veut dire, et il tente de la vivre. Il le fait à condition de bien connaître ses propres limites. C'est la capacité à agir sur différents registres de la représentation, de l'expression, de la figuration et de l'abstraction, qui donne à son processus créatif et à son acte artistique leur richesse et leur valeur.

---

41. François Rachline, *Gérard Garouste. Peindre, à présent*, Fragments éditions, Paris, 2004, p. 10.

Gérard Garouste manie avec autant d'habileté l'instinctuel et le conceptuel. Il ne craint pas de faire face à la critique avec ces arguments imparables.

Gérard Garouste n'a pas choisi de vivre en permanence confronté à une béance psychique qui peut le plonger brutalement dans le cauchemar. La vraie force de sa créativité est de parvenir à transcrire l'expérience indicible de sa béance, de lui trouver une forme à défaut d'un sens, d'opérer une délimitation de son être autrement qu'à travers le délire, la colère, le passage à l'acte et le gouffre de l'angoisse. Grâce à sa création exubérante et insolite qui traverse les mythes et les textes fondateurs, il parvient, me semble-t-il, à universaliser des questions humaines essentielles qui restent sans réponse, sauf quand on peut les poser sur un autre mode : poétique, musical, plastique. Garouste trace la ligne de démarcation entre les fondements culturels implicites des individus inscrits dans la culture et ceux, devenus explicites, de ses acquis par la connaissance et l'expérience. Il dit à ce propos :

> « On ne sait pas où commence l'un et où finit l'autre. Mais le plus important est dans la culture de chacun. C'est merveilleux de puiser dans les mythes et les symboles toutes les choses qui font notre culture. Tout a des ramifications. Il faut aller dans le texte pour y découvrir l'homme, aller même à l'origine du mot[42]. »

---

42. Il a tenu ce propos lors notre premier entretien, le 22 novembre 2004.

L'être en danger et la force de l'art

Gérard Garouste côtoie les signifiants fondateurs en cherchant sa voie pour déchiffrer le monde, pour appréhender sa folie comme celle de chacun de nous. Agissant ainsi, il nous tend une passerelle où s'arriment des principes humains et une éthique qui lui donnent le droit de vivre, d'accéder à la connaissance et d'alléger le poids de son histoire. Il ne cherche pas à illustrer ces mots et ces symboles, il en découpe les racines, il en extrait la quintessence et la confronte à son imaginaire. Grâce au jeu, à l'étrangeté de la forme et du motif dans ses créations, il trace une voie de métamorphose et de transfiguration qui nous rend plus proches et plus accessibles les fondations et le dialogue entre les cultures. Ses tableaux sont des questions, des hypothèses, des énigmes et des interprétations qui interrogent nos certitudes, nos évidences dont celle de la préfiguration perceptive, captive d'une culture préformée.

Se libérant de la vraisemblance et de la ressemblance, les corps de Garouste deviennent le terrain d'une écriture picturale et de figures chimériques, avec leurs distorsions et leurs anamorphoses. Ses images baroques sollicitent le regard qui, décontenancé, se promène ensuite dans la forme et la découverte d'un sens subjectif que nous lui donnons. Garouste suscite l'acte sensible et la pensée afin que le spectateur partage son souci, mais il fait en sorte que chacun dispose de ses propres interprétations face à sa peinture. Il utilise aussi ces mythes comme un miroir aux alouettes pour surprendre et délocaliser nos perceptions, et pour en dégager une vérité de l'être, une vérité subjective, bien sûr, mais réelle et profondément ressentie.

Comme d'autres artistes, Garouste tente de poser sa dualité, de la dénouer, de la résoudre à travers sa création. Tel le compositeur de musique classique Robert Schumann qui, souffrant en secret, éprouva le besoin de mettre en scène sa conflictualité au risque de la folie entre *Eusebius*, mélancolique, romantique, ténébreux, et son Janus *Florestan*, le funambule cascadeur de notes et de danses, Garouste s'est très tôt servi d'une autre paire, *le Classique et l'Indien*. Ainsi, il a articulé sa dualité et son tourment en construisant son propre mythe. Il l'a évoqué à plusieurs reprises mais ses explications variaient au gré de son état psychique et de la compréhension de son conflit intérieur dont les tenants et aboutissants ont mis en cause ses parents, sa condition et la religion. Il voulait aussi appliquer cette dualité au monde ? Il en parle :

> « Le Classique est un homme pétri par la norme, il n'inventera jamais rien, ne fera qu'obéir et suivre le mouvement en rêvant d'ascension sociale. C'est mon père. L'Indien est un intuitif, un insoumis, un créatif. C'est Casso[43] ou le bonheur loin des apparences. Mais l'extrême Indien court vers la folie. Je le sais pour avoir croisé quelques Apaches dans les hôpitaux psychiatriques. Ma voie était quelque part entre ces deux

---

43. Casso est l'oncle de Garouste chez qui il fut placé très tôt par ses parents. Ce personnage haut en couleur a suscité la curiosité et l'admiration du jeune Garouste qui le considère encore comme un artiste d'art brut original et inventif. Il était aux antipodes de son père, comme sa tante chaleureuse l'était de sa mère.

L'être en danger et la force de l'art

hommes, ces pôles contraires de mon enfance. Vaste espace où j'avançais, égaré[44]. »

Gérard Garouste n'en est pas resté là. Il a compris que cette dualité allait au-delà et que les figures emblématiques de pères n'étaient qu'une bien pâle explication des représentations tyranniques qu'il avait incorporées, jusqu'à déborder dans sa folie. Comme pour Robert Schumann, le déchirement de sa dualité s'illustre dans ce qui est actuellement nommé *bipolarité.* Auparavant, pour les formes graves, on parlait de psychose maniaco-dépressive, une maladie dans laquelle cette dualité est rarement résolutive. Gérard Garouste illustre une autre bipolarité, celle de la dualité existentielle dans le tableau *Le Compas et l'Entonnoir*[45] :

> « Un autoportrait, deux personnages emberlificotés l'un dans l'autre, l'un porte un compas, l'autre un entonnoir : dans cet étrange équipage, mesure et déraison s'arrangent pour faire bon ménage. Ces deux personnages, qui n'en font qu'un, illustrent un mythe personnel, issu d'un rêve ancien : une nuit, je croise un homme sur une route de campagne. Il s'arrête et m'explique que l'humanité se divise en deux catégories d'individus : les Classiques et les Indiens. Ils sont

---

44. Gérard Garouste (avec Judith Pérignon), *L'Intranquille, op. cit.*
45. Gérard Garouste, *La Bourgogne, la famille et l'eau tiède,* éditions Galerie Daniel Templon, Paris, 2008, p. 36, en partie repris de Gérard Garouste, *Le Grand Apiculteur,* (avec Hortense Lyon), Éditions Bayard, Paris, 2002, p. 20.

inséparables, marchent toujours par paire. Un Indien ne se déplace jamais sans son Classique, de même que l'intuition ne peut se passer de la raison. Privé de sa moitié, l'Indien délire. Pourtant si le Classique est seul, à son tour il devient fou. Car il se dit normal pour la seule raison que l'Indien est fou. »

Garouste conçoit sa paire sous la forme de compères mythiques indissociables, ce qui lui permet de mieux les incorporer et les travailler. Il sort de la position d'*Indien* qui se cache, menacé, qui n'est jamais là où on le pense et où on le veut, ce qui lui a valu les échecs et le désarroi de son enfance, mais qui l'a aussi protégé, comme Giacometti fut protégé dans son étroite pierre caverneuse. On ne sait pas d'où va surgir l'*Indien*, c'est ce qui fait sa force dans sa fragilité. On ne peut l'apprivoiser que difficilement, ce que Garouste a tenté avec sa part extravagante. Grâce à sa création, Garouste parvient à légitimer l'*Indien*, sa dimension fantasque et sa guérilla pour survivre. En fait, sa posture est défensive, car s'il est considéré comme un terroriste aux yeux des *Classiques* qui, arrogant dans leur autolégitimation, veulent maîtriser le monde par la norme et l'appropriation du bien commun, il ne fait que se défendre contre cette emprise hégémonique des *Classiques*. La conformité du *Classique* risque de le mener à une dévitalisation dans la vacuité et la vanité de sa puissance. Donc, il se sert de l'*Indien* – la fonction sociale de l'artiste, de l'original – et tente d'installer avec lui une complicité. Puis il le trahit, le livre à l'ennemi, aux brigades de la folie, à l'asile. De cette façon, on comprend mieux l'apho-

L'être en danger et la force de l'art

risme de Garouste « Toute la folie peut être contenue dans un tableau » car il s'agit d'y mettre en scène l'inconscient avec ce genre de clivages opérants qui seraient, sans cela, dévastateurs. C'est aussi un aspect de la dualité sociale, car la paire mythique de Garouste est également politique. Elle questionne la différence et le destin des minorités, dont celle de l'enfant et sa dépendance à l'adulte, de celle de l'adulte face à l'ordre établi, à la tradition obscurantiste, aux dogmes et aux normes.

Garouste insiste dans son art et son exégèse des textes sur sa volonté de transformer le mystère en énigme, qu'il s'agisse de son propre mystère, de celui de la dérive antisémite de son père, de celui de la matière, et même du cosmos. Il n'hésite pas à tout remettre en chantier pour mieux poser les questions qui le taraudent. Son expérience de la folie lui a déjà fait transgresser bien des limites, non seulement celle de la bienséance, mais aussi les siennes, celles de son corps, de ses perceptions et de son rapport au monde. Et donc, il ne sait que trop ce que veut dire « tout remettre en question[46] ».

Le génie de Gérard Garouste, très soutenu par son entourage, dont son épouse, Élisabeth, sans laquelle il ne serait probablement plus de ce monde, fut de toujours rester au travail sur le tranchant du « comment rendre en peinture ». Il n'a pas peur d'être à contre-courant d'un art contemporain confronté à la question de la représentation, et qui refusait la figure comme l'idée du beau. Quoi qu'en disent

---

46. Il l'évoque dans *Gérard Garouste, le passeur,* film de Joël Calmettes, DVD, Chiloe prod., 2005.

les détracteurs de Garouste, moins nombreux à mesure que la peinture et qu'une forme de figuration reviennent sur la scène artistique, il a participé, comme Francis Bacon, à une révolution par l'abstraction picturale et figurale ; c'est-à-dire là où l'éprouvé sensible, le geste intuitif et la pensée conceptuelle conjoints permettent de créer une figure syncrétique qui est à la fois paradoxale et ambiguë. La multiplicité des sens possibles de ses figures laisse à celui qui regarde, la liberté de sa propre interprétation. Mais l'artiste ne lâche rien dans sa volonté de déranger et de faire penser le spectateur autour d'une *cosa mentale*, c'est-à-dire d'une chose élaborée de l'esprit, mais pas seulement. Elle émeut et touche le spectateur au plus fort de son secret, et dit-on, « à l'insu de son plein gré ».

Garouste génial, oui, mais une question se pose : quelle concordance, quelles intrications entre l'univers artistique qu'il propose, et sa souffrance, sa folie, sa mélancolie ? Pour y répondre, il faut comprendre comment la création s'est inscrite dans son histoire :

> « J'étais nul à l'école ; mes échecs m'ont fait peindre. Il y avait une sous-classe pour les deux plus nuls, j'étais le premier ; j'étais dans le brouillard, je ne pouvais pas coller à un programme, donc, le dessin est venu comme une question de survie. J'étais peut-être un enfant qui avait décidé de ne pas grandir, de ne pas devenir raisonnable. C'est en dessinant des avions de guerre que j'ai commencé à être regardé par les autres et par mon père. Puis, j'ai compris la perspective des

L'être en danger et la force de l'art

ailes, donc j'étais le dessinateur d'avions de ma classe. J'existais par le dessin ; je fascinais ma maîtresse. Pour moi, c'est ça la création, ça devenait urgentissime de trouver une porte de sortie dans la communauté. Les autres qui travaillaient n'ont pas eu besoin de cette attention. Moi, j'ai très mal commencé, avec un climat d'échec permanent. C'était une éducation difficile. Il y avait une souffrance intérieure qui ne s'exprimait pas et n'était pas consciente. Le dessin est venu comme un sauvetage. J'étais resté petit, et enfin quelque chose de grand pouvait séduire ma mère et estomaquer mon père[47]. »

Ce propos décrit le mur qui se dressait face au jeune Garouste, sans ouverture jusqu'à ce qu'il trouve le dessin, aidé par son oncle Casso chez qui ses parents l'avaient placé, un homme étrange, original et inventif. Seule une naissance par le dessin était viable, c'est donc par là que Gérard Garouste s'est développé. Autrement dit, la peinture s'est imposée comme la seule voie d'expression, tout au moins, celle grâce à laquelle il lui a été permis d'accéder au sentiment d'exister et à la connaissance. Malgré tout, c'est dans un climat d'échec, de dépréciation et d'inconsistance que s'est poursuivie son existence chaotique, émaillée de graves états dépressifs dont l'un a duré plusieurs années, alternant avec des accès de manie (au sens d'excitation incontrôlable) et des bouffées aiguës de délire. Tout cela a

---

47. Propos de Garouste, lors de notre premier entretien en 2004.

induit une souffrance pour lui et ses proches, l'a mis en péril et conduit à l'asile psychiatrique. Espérons, comme lui tente de le faire, qu'on n'en parle aujourd'hui qu'à l'imparfait.

Lors de ces épisodes, encore récents, puisque le dernier remonte à 2007[48], créer ne lui est d'aucun recours apaisant. De plus, tout ce qu'il produit dans les phases de perdition, il n'y trouve en général plus d'intérêt quand il revient à la raison. S'il le détruit ensuite, ce n'est pas parce que c'est trop *indien...* ou pas assez, mais parce que ça n'a, à ses yeux, ni valeur ni qualité artistique. Il affirme :

> « Cela m'agace toujours un peu qu'on lie la folie à l'art. Moi, ma maladie m'a empêché de créer autant que j'aurais voulu. Et ce que j'ai peint pendant mes périodes de délire, je l'ai souvent détruit après, car je n'en étais pas satisfait. Heureusement, avec les nouveaux traitements, la psychiatrie, j'ai pu avoir de longs intervalles stables pour travailler. Je suis sûr que si Van Gogh avait eu cette chance, son œuvre serait encore plus riche[49]. »

Depuis l'âge de 28 ans, Garouste subit des soins psychiatriques. Une psychanalyse lui a permis de mieux se connaître, de mieux contrôler son exaltation et sa colère, mais il doit sans cesse se protéger de lui-même, des émotions fortes, et

---

48. Il l'évoque « à la naissance de mon petit-fils » (comme à chaque naissance de ses garçons), cité par Dany Jucaud interviewant Garouste, « Mes tempêtes », *Paris Match*, 23 août 2009.
49. Interview par Doan Bui, « Garouste : délires et dépressions du peintre "fou" », Dossier *L'Obs*, 9 février 2013.

L'être en danger et la force de l'art

ce, même après la mort de son père qu'il considère en grande partie responsable de sa souffrance et de sa folie :

> « Sa mort ne change pas grand-chose. Elle ne résorbe rien. Je vis depuis toujours dans la faille qui existe entre lui et moi. C'est là que j'ai compris mon rapport aux autres et au monde.[50] »

Gérard Garouste se doit donc de se connaître avec acuité s'il veut éviter ses accès de folie. Si la vigilance et le traitement sont une priorité dans son existence chaotique, si le contenu de ses délires ne constitue jamais une source directe de création, pour autant, il n'est pas indifférent à la concordance et à l'écho étonnant entre ce débordement délirant et le monde imaginaire qu'il développe à d'autres moments dans sa création, à distance des crises :

> « Dans les deux phases extrêmes, *up and down*, il ne se passe rien. Dans l'intermédiaire, ça va. En période *up*, ça va trop vite dans ma tête, mais parfois il en sort des choses après, deux ou trois ans après. Par exemple, j'ai eu des impressions visuelles étranges, ça m'a marqué, je n'ai rien produit sur le moment. Maintenant, j'essaie de comprendre ce qui se passe dans ma tête lors de ces bouffées délirantes. Un jour, j'ai reçu un coup de fil et, à l'instant, tout a été à une place précise ; tout était relié par des diagonales de fils, tout était à sa place ;

---

50. Gérard Garouste, *L'Intranquille, op. cit.*, p. 14.

j'étais persuadé que quelqu'un était venu ; après je suis sorti de l'atelier, c'était la même chose et même dans le ciel. C'était fantastique, la même organisation partout. Alors, j'ai pensé, ils ont tout organisé ; je voyais des directions qui reliaient tout, j'étais fasciné, c'était apaisant. Dans le ciel, toutes les constellations étaient totalement reliées par une trame géométrique, il n'y avait aucune courbe[51]. »

Si les produits de ses accès de folie ne sont en général pour lui que scories, ils sont chargés de ce qui, ensuite, lorsqu'il est apaisé et réfléchi, lui sert à créer réellement. Les scories sont des objets internes très intimes en même temps qu'elles sont des rebuts, car aussi bruts qu'abrupts dans leur folie. En tant que tels, ces « objets » délirants ne peuvent qu'être repoussés car ils n'ont pas accès à une élaboration constructive dans l'acte de création, si importante pour Garouste, notamment dans sa dimension symbolique et mythique. C'est une de ses sources, pour reprendre le nom qu'il a choisi pour l'association bénévole qu'il a créée, La Source[52]. Cette association vient en aide aux enfants en souffrance par le biais de la créativité artistique. Il en sait quelque chose de ce recours créatif, car c'est à proprement parler son histoire. Si les représentations délirantes peuvent aussi prétendre à être

---

51. Propos de Garouste, lors de nos deux entretiens à son domicile parisien, 2004 et 2005.
52. La Source, créée en 1991, avec Christian Gotti, a pris un essor considérable sans jamais perdre de vue ses objectifs premiers, de lutter contre l'exclusion et la souffrance sociales des enfants en difficulté.

L'être en danger et la force de l'art

une source potentielle de création, c'est qu'elles touchent au noyau matriciel sensible de son être, à un imaginaire traumatique ancien. C'est à partir de ce noyau que s'active, par nécessité et par passion, son processus de création.

Quelle différence existe-t-il entre les ramifications cosmogoniques des délires de Garouste et celles de son univers imaginaire pictural chargé des symboles reliés entre eux ? C'est la conscience du regard qui diffère, celle d'un regard à la fois critique et artistique quand Garouste élabore son œuvre. Dans le délire, il subit les impressions visuelles alors que dans l'acte de création, il construit ces impressions. Il leur donne forme, de l'esquisse à l'œuvre, en se servant de tout ce qui est à sa disposition pour en permettre l'expression à travers une pluralité de dimensions : esthétique, philosophique et spirituelle.

L'œuvre de Gérard Garouste ne serait pas ce qu'elle est aujourd'hui, c'est une évidence, sans les turpitudes d'un psychisme bousculé par les traumatismes de son histoire, mais aussi de l'Histoire. Son originalité, la richesse de son efflorescence imaginaire et de ses incursions dans les grands mythes de notre civilisation prennent leur source en lui comme dans les questions existentielles fondamentales, les dérives morales et les contradictions d'une humanité en crise.

Dans le piège de la folie : la chute

> « Ce que vous avez pris pour mes œuvres
> n'étaient que les déchets de moi-même,
> ces raclures de l'âme
> que l'homme normal n'accueille pas. »
> Antonin Artaud[53]

Les artistes redoutent de chavirer corps et âme dans la folie, ce qui, malheureusement, est loin d'être exceptionnel. La perdition peut survenir dans l'œuvre dont la forme dérive, se délite, s'autodétruit jusqu'à l'informe, ou se traduire par la désertification de la créativité. Il est alors nécessaire de prendre des mesures de soin, parfois coercitives, afin de protéger l'artiste de lui-même, de l'apaiser et de le soigner. S'il faut intervenir pour protéger les autres, il s'agit

---

53. *Le Pèse-nerfs, in* Antonin Artaud, *Œuvres,* Quarto, Gallimard, Paris, 2004, p. 163.

plus souvent de protéger l'artiste des autres, notamment de prédateurs qui n'hésitent pas à le spolier et l'opprimer.

Comprendre le mécanisme de ce chavirage suppose d'écouter et de lire attentivement ce que ces artistes en disent et écrivent. Il n'est pas possible de généraliser ce mécanisme mais des recoupements tenant compte de variations individuelles permettent d'envisager le processus d'effondrement et de catastrophe, permettent aussi de saisir ce qui est en jeu dans une agonie existentielle et artistique transitoire ou définitive. Quelle est la faille ou la blessure de l'être concernée ? Par où et par quoi le processus de création est-il atteint ? Pourquoi et quel espoir de restauration ? Quelle part y prennent les toxiques, qu'ils soient licites ou non ? Quel risque inconsidéré l'artiste a pris dans sa création et sa vie pour s'égarer dans une forme de folie ? Était-ce déjà là dans son besoin impérieux de créer, ou d'autres occurrences l'y ont conduit ? Que de questions autour de destins tragiques qui ne manquent pas ensuite de se transformer en mythes romantiques et mélancoliques pour des auteurs en mal de biographies scandaleuses, de biopics bien léchés et de docu-fictions spectaculaires.

Tomber sept fois, se relever huit[54], ce titre d'un livre de Philippe Labro, journaliste connu, est devenu la référence positive, mais il n'empêche qu'il témoigne avant tout du long tunnel de dépression que l'auteur traverse durant plusieurs années, paralysant totalement son action et le plaçant, ainsi que son entourage, dans une immense détresse. Ceci pour

---

54. Philippe Labro, *Tomber sept fois, se relever huit*, Gallimard, Paris, 2005.

dire que l'on peut être très créatif, productif, et puis, sans crier gare, du jour au lendemain, parfois sans l'ombre d'un motif identifiable, survient un état dépressif, une paralysie psychique, un suicide, un effondrement dans la confusion ou le délire. La capacité créative atteint alors ses limites. Non seulement elle ne peut agir, comme nous l'avons vu précédemment, tel un bord en construction qui préserve l'artiste en danger dans son dénuement, mais elle ne parvient même plus à rester une voie d'expression apaisante, encore moins un soutènement ou un étayage de l'être en péril.

Pour certains psychanalystes, le trouble psychopathologique était systématiquement déjà là, comme un destin tracé dont la catastrophe existentielle ne serait que la répétition d'une agonie primitive issue de la petite enfance[55]. Ce serait oublier la rencontre bouleversante, possible à tout âge, la collision passionnée entre des points de fragilité de l'artiste et le roc d'un autre ou du monde. Bref, est envisageable tout ce que chacun peut connaître dans sa vie sans que cela vienne du réveil d'une blessure psychique ancienne ou d'un traumatisme. Les êtres humains ont une triste propension à réitérer leurs impasses, leurs échecs et leurs égarements sur le mode d'une répétition fatale et totalement incompréhensible. Est-ce un besoin morbide d'autodestruction ou une sorte de fascination pour la mort ?

Alors, pourquoi un être se confronte-t-il aux extrêmes, au-delà de ses limites, aux ravages d'une passion dévo-

---

55. Donald W. Winnicott, « La crainte de l'effondrement », in *Figures du Vide, Nouvelle Revue de Psychanalyse*, n° 11, Gallimard, Paris, 1975, p. 35-44.

Dans le piège de la folie : la chute

rante, à des drogues qui lui font perdre la tête ? La bataille intérieure est souvent terrible, au point d'avoir raison de la raison. La chute fait de l'artiste un pauvre égaré, quand bien même il reste adulé par ses aficionados. Même le délire, cette tentative pour colmater les brèches suintantes de l'être dévasté, n'est d'aucun recours pour se sortir de l'impasse, de la souffrance et du chaos.

Vaslav Nijinski, une chute fatale

« Les pieds légers sont peut-être inséparables de la notion de Dieu. »
« Danser pour lire le symbole des plus hautes choses. »
Friedrich Nietzsche, *Ainsi parlait Zarathoustra*

Vaslav Nijinski, danseur et chorégraphe, a marqué d'une empreinte indélébile l'univers de la danse à l'aube de sa révolution moderne du xxe siècle. Il fut, et il est encore célébré comme « le dieu de la danse » alors qu'il n'occupa la scène qu'une dizaine d'années dont sept en tant qu'Étoile des Ballets russes. Plutôt comète qu'étoile, sa trajectoire éclair a pourtant renversé les codes classiques de la danse, lui imposant un langage inédit envers et contre les conservateurs d'un académisme convenu. Dix ans, un bref mais fulgurant parcours, et l'héritage qu'il laisse est énorme malgré, ou grâce à l'absence de documents filmés, si précieux dans la transmission des arts vivants. Pour comprendre son ascension, puis sa chute d'Icare et le ravage de sa folie, il est utile de donner des repères historiques.

Né en 1889 à Kiev Vaslav Nijinski fut aussitôt plongé dans le baquet de la danse par ses parents, excellents danseurs reconnus bien au-delà de l'Empires russe Sa sœur cadette, également danseuse, participa aussi à l'aventure des Ballets russes. Son frère aîné fut très tôt interné en asile psychiatrique. Les Nijinski, nomades au gré des emplois et tournées, s'installèrent à Saint-Pétersbourg, dans cette Russie qui faisait la part belle aux arts, et particulièrement à la danse. Le père abandonna sa famille alors que Vaslav avait 7 ans, et la mère fut obligée d'interrompre sa brillante carrière afin de s'occuper de ses trois enfants, dans un contexte de relative pauvreté. Malgré sa condition, Vaslav incorpora l'École impériale de Ballet en 1900. Ses aptitudes ont permis à ce petit Polonais d'entrer dans la plus prestigieuse des écoles de danse. Il y a subi des humiliations, des persécutions, et, un an après son entrée, une grave blessure associée à un coma, qui auraient pu compromettre sa carrière.

À l'âge de 16 ans, Vaslav Nijinski est reconnu comme un brillant danseur et il s'essaie à la chorégraphie. S'ouvre à lui une vie mondaine à laquelle il n'est pas préparé et qui le déroute. Il s'investit dans la responsabilité d'aide matérielle à sa famille donc, proposition oblige, il accepte de devenir l'amant d'un prince, riche protecteur et amateur d'éphèbes. Puis il rencontre Serge Diaghilev, imposant personnage passionné d'art, qui va lui ouvrir un destin unique tout en profitant lui aussi de ses charmes. Commence alors la grande aventure des Ballets russes, à Paris, en Europe, aux États-Unis et en Amérique du Sud. À 22 ans, Nijinski, exclu de l'École impériale, quitte sa belle Russie qu'il ne reverra plus. Suivent les années fastes de création entre 1910 et 1914 : il est le fulgurant danseur du *Carnaval*, de *Shéhérazade*, et le génie de l'interprétation dans *Petrouchka* et le *Spectre de la rose*. Il est l'Étoile des Ballets russes, au zénith. Serge Diaghilev, fier et fort de ces succès, l'incite à créer ses propres chorégraphies. Celles-ci provoquent des scandales parmi les plus mémorables de l'histoire du spectacle, avec *L'Après-midi d'un faune* et *Le Sacre du printemps*, hués par la bourgeoisie conservatrice, démolis par la critique qui réclame une censure, mais encensés par certains artistes et les intellectuels progressistes.

Pour Vaslav Nijinski, Serge Diaghilev est un mentor, un initiateur, celui qu'il faut faire vivre et ne pas décevoir, celui qu'il est interdit de ne pas aimer, et dont il faut subir les assauts, même malade, celui qui ne verse pas ses cachets à son « protégé ». De plus, Diaghilev est possessif ; il surveille Vaslav et proscrit ses velléités d'amour hétérosexuel, ce qui va tout de même se faire avec les prostituées, que Vaslav nomme les « cocottes ».

Serge Diaghilev offre aux Ballets russes l'apport précieux de compositeurs et d'artistes innovants, avec la volonté de révolutionner l'expression artistique. Grâce à lui et à ce creuset d'une création contemporaine, Nijinski a enfin l'opportunité de se transcender. Il peut exprimer le débat cornélien de son existence à travers son expression dans la danse. De *Petrouchka*, le pantin russe pathétique, au *faune* solitaire, sensuel, qui laisse échapper la nymphe et semble jouir dans une extase autoérotique, jusqu'à concevoir l'élue du *Sacre du printemps* dans un rituel obsédant, violent, et dans une purification sacrificielle qui n'est pas sans rappeler son histoire et son destin.

Mais en 1914, lors d'une tournée en Amérique du Sud sans Diaghilev, Nijinski s'autorise à aimer Romola, une riche hongroise qui n'a pas ménagé ses efforts pour l'approcher. Ils se marient précipitamment, ce qui, bien entendu, provoque la colère de Serge Diaghilev. Nijinski est banni, puis exclu des Ballets russes. Désœuvré et meurtri, il tente de créer sa troupe en Angleterre, puis il tombe malade. C'est un échec de plus, et le retour du couple Nijinski vers la Russie. Mais ils sont stoppés en Hongrie, et retenus à cause de la guerre. Deux ans après, Vaslav Nijinski rejoint à nouveau les Ballets russes pour une grande tournée. Il fait un triomphe aux États-Unis et en Amérique du Sud. Mais c'est là qu'apparaissent les premiers signes de troubles psychiques manifestes de Nijinski.

Hiver 1917, le couple s'installe en Suisse, à Saint-Moritz, mais ce qui ne devait être qu'un simple repos devient un cauchemar, avec l'aggravation rapide du trouble de Nijinski. Il en reste le témoignage délirant, poétique et pathétique de ses *Cahiers*, un journal réalisé durant les six semaines qui ont précédé son internement définitif. Vaslav Nijinski a écrit dans sa chambre, s'isolant de ses proches pourtant attentifs à le ménager mais impuissants à l'apaiser. Ses « promenades » en montagne devinrent les errances éprouvantes du délire. Il se risquait à des défis imposés par son « dialogue » avec Dieu. Chez lui comme dans la nature, il éprouvait le désespoir,

Dans le piège de la folie : la chute

l'angoisse du néant et des hallucinations, prisonnier de son délire en lien avec des convictions spirituelles d'anachorète. Son journal lui a permis de déployer sa folle perception du monde, d'exprimer son histoire chaotique et douloureuse, ponctuée de préoccupations corporelles et matérielles. Nijinski s'enferma dans une forme d'autisme, devint méfiant et parfois violent. Il interprétait toutes les paroles et les actes de son entourage dans le contexte de son délire. En 1919, il donna une ultime représentation publique sombre et tragique où il exprima la guerre et son mariage rédempteur avec Dieu. C'était un rituel où il dansait dans une extrême tension, face à des bourgeois médusés. Après un long face-à-face silencieux et tendu avec le public, Nijinski, habité par le désastre et par Dieu, dansa la souffrance du monde, et la sienne, sur une croix symbolisée par deux draps. Sa chorégraphie terrifiante a fait fuir le public qui était venu là, juste pour se divertir.

Alors, l'aggravation de son trouble psychique et la souffrance de l'entourage imposent de consulter le professeur Bleuler à Zurich, qui consacra sa vie à la schizophrénie. Celui-ci pose le diagnostic de schizophrénie et le verdict d'incurabilité. À la suite de la réaction violente de Nijinski, décision est prise d'un internement puis d'un placement en sanatorium. Bien entendu, son état psychotique s'aggrave, avec une souffrance et des crises de violence qui ponctuent de longues périodes de catatonie (il est alors figé, silencieux, le regard absent). Le silence et la nuit tombent sur Vaslav Nijinski qui n'est plus rien, et s'absente du monde. Jusqu'à sa mort en 1950, il ne sort que rarement et furtivement de son état catatonique, malgré de multiples tentatives de traitements et de consultations de spécialistes parmi les plus renommés de l'époque.

Bien avant son entrée à l'École impériale de Ballet, l'expression de Vaslav Nijinski se doit de passer par la danse. Le père, la mère et la sœur dansent mais l'abandon du père oblige la mère à renoncer à son art pour se consacrer à ses enfants fragiles. Vaslav Nijinski s'est senti investi d'une mission réparatrice, qu'il va porter jusqu'à incarner le rédempteur. Quoi de mieux alors que de devenir l'Étoile de la danse, qui brille en guise de revanche, de sauvetage contre l'abandon du père, pour sa mère dévastée et son frère interné. Travailleur acharné et obstiné, Nijinski se surpasse dans la grâce et les sauts. Il se met au défi d'être au firmament jusqu'à s'astreindre dans la douleur, la révolte, la honte et le sentiment de culpabilité, à se laisser acheter sexuellement par des pédérastes prestigieux pour atteindre enfin son but et pour subvenir aux besoins matériels de sa famille. Pour ses protecteurs et son public, peu importe l'équilibre et le désir de Nijinski, dès lors qu'il répond à leurs attentes, celle de les faire rêver et jouir, celle d'être transportés par sa grâce quand il entre en scène, celle de côtoyer ce « dieu de la danse », quoique déçus par son allure hors la scène, qu'ils jugent lourde, banale, trop discrète quand il quitte son habit et sa légèreté prodigieuse de danseur. L'Étoile n'est qu'un objet, certes un bel objet, mais un objet tout de même dont on peut disposer, qui doit se conformer à ce qu'on attend de lui, y compris de déranger si tel est son rôle dévolu. Il est aussi l'objet qui peut se jeter s'il n'est plus en adéquation avec les caprices et les choix de ses protecteurs.

Dans le piège de la folie : la chute

Mais qu'est devenu le jeune Vaslav ? Qui est-il vraiment derrière son habit de lumière ? Sa dualité et sa souffrance exacerbées ne peuvent se réduire à un dilemme romantique entre création et maladie. Un conflit intérieur déchirant s'est installé très tôt au fond de son être. Il s'obstine à le masquer et à le sublimer dans un expressionnisme artistique original jusqu'à l'explosion de sa maladie psychiatrique en 1919. C'est à ce moment qu'il éprouve le besoin d'écrire son journal. Si on clive Nijinski en deux temps et deux faces, entre le génie de la danse jusqu'en 1917 et la folie des trente dernières années de sa vie asilaire, on risque de se laisser piéger dans la notion de dégénérescence et de ne pas comprendre la complexité de la source créative et de la richesse d'un artiste exceptionnel. On risque aussi de ne pas saisir le sens humain, social et politique, de ce qu'il a créé dans le contexte de la Première Guerre mondiale. Les événements et les traumatismes personnels et sociaux ont tendu à l'extrême le fil de son existence précaire qui s'effilocha jusqu'à rompre en 1919. Alors, Nijinski, épuisé par son appel intérieur impérieux, s'est évidé et dévitalisé jusqu'à mourir.

On ne peut qu'énumérer les facteurs qui sont intervenus dans sa catastrophe existentielle, non pas en tant que causalité directe, mais comme un faisceau d'éléments tragiques qui ont participé à son conflit intérieur déchirant. Chronologiquement, ce fut l'abandon brutal du père admiré, le chaos familial, puis les humiliations, les maltraitances, le coma traumatique et l'éventration subis à l'École du Ballet de Saint-Pétersbourg, mais aussi le péril matériel qui l'a contraint, à son corps défendant, à se plier aux désirs sexuels d'hommes mûrs, riches et dominants. Cette soumission, il ne pouvait la vivre que sur un mode incestueux, même si elle prenait l'allure socratique d'une protection valorisante mais insidieusement perverse. Entre la montée au firmament et la descente aux enfers, il y eut l'exil définitif de Russie et l'éloignement maternel, l'immense succès des Ballets russes, la folie et la mort du frère aîné, un mariage trop précipité avec Romola qui l'a habilement séduit le temps d'une traversée atlantique en bateau, puis l'abandon brutal du parcours fulgurant et des repères affectifs à cause du bannissement par Diaghilev, le coup de grâce. Ce fut ensuite l'exil puis la chute de l'Étoile ne pouvant plus danser car placée en résidence surveillée, qui subit la guerre, puis le repos forcé en montagne, loin de son univers de création, jusqu'à la folie et l'asile. On pourrait y ajouter la violence de l'internement et des traitements subis car il est probable qu'ils ont aggravé les troubles, transformant l'épisode délirant en une psychose chronique. Ces facteurs sont tous importants mais il reste à comprendre leur agencement et leur lien avec le processus de création, les collisions dévastatrices, mais aussi le sens de cette répétition mortifère.

La radicalité du processus de création de Nijinski l'aurait-elle, comme certains le pensent, conduit à sa perte ? Non, et d'ailleurs, la question est mal posée car les précurseurs de la danse contemporaine, Martha Graham, Trisha Brown, Marie Wigman et Alwin Nikolais n'ont pas hésité à déconstruire les fondations et les théories classiques. Ils ont aussi subi les foudres d'un public déconcerté mais ils n'ont pas

Dans le piège de la folie : la chute

pour autant renoncé ni mis en péril leurs fondations. Alors, qu'en est-il ? Imaginons que Diaghilev n'ait pas rencontré la voyante qui lui prédit un mauvais voyage aux États-Unis, qu'il n'ait pas renoncé à cette tournée et donc, pas laissé le champ libre à Romola. Alors, on suppose que Nijinski aurait continué à créer ses chorégraphies, et qu'il aurait fait mondialement école. Imaginons ensuite qu'à l'instar de Rudolf Noureev ou Carolyn Carlson, il lui ait été offert de devenir danseur-étoile ou directeur de l'Opéra de Paris. Sa reconnaissance et son assise obtenues lui auraient permis de poursuivre une grande carrière de créateur-chorégraphe. Imaginons que la révolution russe de 1917 n'ait pas eu lieu, et qu'il ait pu retourner en Russie pour revoir sa mère, y récolter les fruits de sa gloire, et devenir à son tour un maître incontesté. Bref, imaginons que les événements et traumatismes du parcours de créateur aient été moins éprouvants. Il est probable qu'il n'aurait pas sombré dans la folie, qu'il n'aurait pas eu besoin du délire ni du monologue mégalomaniaque avec Dieu pour exprimer sa souffrance intérieure. Toutes ces hypothèses ne sont pas saugrenues. Elles signifient qu'il suffit d'une erreur d'aiguillage, de collisions désastreuses, de circonstances malheureuses pour qu'une répétition mortifère ou le réveil d'un traumatisme bouleverse l'existence et le processus de création d'un être déjà fragilisé par son histoire. Pour Nijinski, le piège de la folie est lié aux pièges de la vie et non de la création en tant que telle.

Peut-on se limiter à l'analyse des facteurs intercurrents de son parcours d'artiste ? Non, car on sait que certains êtres cherchent à répéter des collisions existentielles dévastatrices dans leur insistance autodestructrice. Oui, car la vie offre tant d'aiguillages que le risque est grand de prendre un jour ou l'autre la mauvaise voie, celle qui mène à la chute. Oui et non, car la voie d'un individu n'est pas un destin irrémédiablement tracé, tout en restant déterminée au niveau inconscient, donc inaccessible et vouée à s'exprimer « à l'insu de son plein gré », de sa volonté, et même de sa détermination consciente.

Paradoxe, la voie tracée est aussi la voie choisie, celle qui conduit Nijinski à sa perfection de danseur, à l'originalité inouïe de ses chorégraphies, à la déconstruction des codes de la danse en la sublimant, en y instillant son originalité, sa sensualité et sa légèreté, tout en se conformant à la discipline exigeante de cet art. Drame aussi car sa voie l'a contraint à un assujettissement à des « protecteurs » qui, selon l'expression consacrée, avaient leur « danseuse ». Dans son journal, Nijinski évoque la tragique prostitution homosexuelle qu'il a subie :

> « J'étais pauvre. Je gagnais soixante-cinq roubles par mois. Soixante-cinq roubles par mois ne suffisaient pas pour nous nourrir, ma mère et moi ».

Puis, présenté à Diaghilev :

> « Je l'ai détesté à cause de sa voix trop assurée, mais je suis allé tenter la chance. J'y ai trouvé la chance, car je l'ai aimé tout de suite. Je tremblais comme la feuille du tremble. Je le détestais, mais j'ai fait

semblant, car je savais que ma mère et moi, nous mourions de faim[56]. »

Dans ses *Cahiers*[57], Nijinski écrit ce traumatisme et l'ambiguïté de son désir d'être l'élu. Ce piège exacerbe le conflit intérieur déchirant où la pression de la sexualité s'avère obsédante mais, à la fois, violemment intruse. Attiré par celles qu'il nomme les « cocottes », Nijinski veut aller à la découverte de la femme et de ses charmes, mais il se plie à l'acte sexuel avec Serge Diaghilev qu'il hait tout en lui octroyant l'aura du maître tout-puissant. Nijinski, en « mignon », se confronte à un conflit déchirant autour de la sexualité entre sa fascination pour le maître, son excitation, sa soumission homosexuelle et un sentiment de culpabilité. L'effet traumatique et la responsabilité de ce conflit dans la folie de Nijinski doivent aussi se contextualiser dans sa propre histoire avec l'abandon et le manque du père, la menace réelle de risquer de tout perdre à tout moment, l'enjeu rédempteur d'être l'Étoile de la danse, l'adresse au père de son engagement total. Nijinski est prêt à tout accepter pour réussir, avec le défi inconscient qu'il s'était lancé, celui de briller, d'être l'astre au firmament qui répare son nom et le ciel de sa vie. Il a réussi au moins pendant sept ans, devenu le demi-dieu de la danse. Il a doublement réussi puisqu'il représente aujourd'hui un génie de la danse.

---

56. Vaslav Nijinski, *Cahiers*, version non expurgée, traduite par Christian Dumais-Lvowski et Galina Pogogeva, Babel, Actes Sud, Arles, 2000, p. 154.
57. Les descriptions scabreuses d'une sexualité exacerbée et culpabilisée émaillent les *Cahiers, op.cit.*

On peut illustrer ce conflit en trois tableaux. Le premier, 1911, avec le ballet *Petrouchka* où Nijinski incarne une marionnette dans un mouvement mécanique impavide, empreint d'une grande mélancolie. Mais qui donc tient les fils de cette marionnette ? Le second, en 1912, c'est sa chorégraphie *L'Après-midi d'un faune*. Il y incarne un faune énigmatique, sensuel, très intériorisé, et dont la jouissance autoérotique se mêle à la mélancolie. Le troisième, en 1913, c'est le *Sacre du printemps*, qui fut le point d'orgue de son audace chorégraphique, et de son propos de créateur qui pense la vie. S'il y est question de Dieu, c'est là sous la forme d'un retour aux sources primitives dans une création d'une vraie modernité chorégraphique et musicale. Avec la violence d'une grande énergie terrienne, contenue, puis aérienne et explosive, il passe du rituel primitif de glorification de la terre au sacrifice de l'élue. Le dénouement de cette tragédie dionysiaque relie étroitement la mort sacrificielle à la passion de la vie. On y reconnaît déjà le questionnement spirituel et sexuel androgyne de Vaslav Nijinski, qui danse et crée jusqu'à l'épuisement, qui accepte le sacrifice pour sauver, mais sauver qui, et quoi ? Ce thème, il le déroule dans son journal de 1919, entre chute et rédemption, faute et purification, soumission et défi à Dieu, entre fils et complice du Dieu vengeur dont il redoute les foudres et la trahison. Il l'évoque à propos de sa dernière prestation face au public effaré, à l'hôtel Suvretta de Saint-Moritz :

« J'étais nerveux, car Dieu voulait exciter le public. Le public était venu pour s'amuser. Il pensait que je dansais pour l'amuser. J'ai dansé des choses effrayantes. Ils avaient peur de moi, c'est pourquoi ils ont cru que je voulais les tuer. Je ne voulais tuer personne. J'aimais tout le monde, mais personne ne m'aimait, c'est pourquoi je me suis énervé... Toute la soirée j'ai senti Dieu. Il m'aimait. Je l'aimais. Nous étions mariés[58]. »

Il l'a vécu encore plus intensément lors de ses marches en montagne, qui, loin d'être des promenades, furent des moments de déshérence envahis par l'hallucination et le délire :

« Je me suis arrêté sur la montagne. Ce n'était pas le Sinaï... J'ai eu peur et ai voulu m'enfuir, mais je ne pouvais pas, car mes genoux étaient soudés à la neige. Je me suis mis à pleurer. Mes pleurs n'ont pas été entendus. Personne n'est venu à mon secours[59]. »

Comment ne pas penser à l'appel pathétique du Christ, *Eli, Eli, lama sabachthani ?* (« Dieu, Dieu, pourquoi m'as-tu abandonné ? ») et à l'ultime sacrifice de l'élue du *Sacre du printemps*, un thème conçu par Igor Stravinsky mais dans lequel s'incarne parfaitement Nijinski l'homme, le danseur et le chorégraphe, dans l'indicible effroi d'un être aux prises avec son angoisse, sa mission rédemptrice et ses hallucinations :

---

58. Vaslav Nijinski, *Cahiers, op. cit.*, p. 29-30.
59. *Id., ibid.*, p. 131.

« J'ai aperçu un précipice sans arbre. J'ai compris que Dieu m'avait arrêté parce qu'il m'aimait, c'est pourquoi j'ai dit : "Si tu le veux, je tomberai dans le précipice, si tu le veux je serai sauvé." Je suis resté sans bouger jusqu'au moment où j'ai senti une poussée en avant. Je suis reparti. Je ne suis pas tombé dans le précipice. J'ai dit que Dieu m'aimait[60]. »

Plus loin, il fait le lien avec un souvenir d'enfance où il était à la merci de son père :

« Je marchais et je suis tombé dans un précipice, et un arbre m'a retenu. Je ne savais pas qu'il y avait un arbre sur le chemin. J'étais enfant, et mon père a voulu m'apprendre à nager. Il m'a jeté dans l'eau, là où on se baignait. Je suis tombé et j'ai coulé au fond. Je ne savais pas nager, mais j'ai senti que l'air me manquait, alors j'ai fermé la bouche[61]. »

Ayant vécu tant d'épreuves et de souffrances, Nijinski côtoie la folie dans l'exacerbation de sa sensibilité et d'une douleur, la sienne renforcée par celle d'un monde dévasté par la guerre mondiale et la barbarie humaine. Il s'identifie aux souffrances des victimes. Il irait même jusqu'à se sacrifier pour la rédemption de ceux qu'il veut à tout prix aimer, tant les victimes que les bourreaux, sans que jamais sa haine

---

60. *Id., Ibid.*, p. 133.
61. *Id., ibid.*, p. 141.

Dans le piège de la folie : la chute

transparaisse. Mais c'est un défi impossible à tenir, d'où la projection délirante de son conflit. Il oscille entre la déchirure, celle de son exclusion mais aussi celle de la guerre, et la contrainte, celle qui l'a obligé à agir contre lui-même, mais lui a ouvert une conscience politique, celle aussi de sa dualité entre bien et mal, amour et haine, désir de liberté et servitude d'exister à travers l'autre.

La dualité et le clivage de sa folie ne se réduisent pas à son déchirement entre Diaghilev et Romola, ni même entre aimer et haïr un père, un maître ou un dieu. Elle touche à des questions vitales et fondamentales. C'est en cela que la période sombre de sa folie, de son délire et de sa paralysie psychique, n'est pas de l'ordre d'une dégénérescence, mais d'une impasse existentielle liée à l'incompatibilité entre sa vie, ses désirs, son intellect et ses valeurs. Si Nijinski, interné, en est réduit au silence, s'il ne peut être que l'autre silencieux, c'est qu'à ce point extrême de son impasse, il ne peut plus rien dire, plus penser, ni même danser la déchirure dans laquelle il a définitivement chuté. Un piège s'est refermé sur lui. Il ne s'agit pas d'un abêtissement dégénératif ni d'un vide intérieur. C'est un trop-plein de l'inconscient souffrant que seule la catatonie et l'immobilité silencieuse peuvent tenter de contenir sans pour autant éviter les moments explosifs, plus destructeurs que libérateurs, qui ont émaillé les trente années d'internement dans sa prison tout aussi intérieure qu'asilaire.

Les danseurs qui ont interprété *L'Après-midi d'un faune* et le *Sacre du printemps* ont témoigné de l'extrême précision et de l'exigence de Nijinski dans la composition du geste, des attitudes et du mouvement. Si la mise en place d'une chorégraphie en danse requiert d'autant plus d'exigence qu'elle introduit une modernité déconstructive, il s'agit aussi pour Nijinski d'une précision étroitement liée à ses représentations ultrasensibles car celles-ci touchent aux perceptions inaltérables de ses traumatismes précoces. Il lui faut les agencer dans les constructions imaginaires de ses chorégraphies et de ses interprétations. L'échec de cet agencement, de cette organisation d'un chaos intérieur lié au conflit irréductible, conduit à l'ouverture de la faille, c'est-à-dire à une blessure psychique irréparable. Vaslav Nijinski est passé du « mode étoile » de ses belles années au sein des Ballets russes, au « mode échec » de son repli à Saint-Moritz et de sa tentative d'invention d'une notation chorégraphique très sophistiquée, puis au « mode délirant » de sa prestation à l'hôtel Suvretta, quand l'étayage précaire de son être s'était définitivement rompu. Alors, le flux torrentiel du délire s'est déversé, alimenté par les hallucinations dans une boucle projective où dehors et dedans ont perdu leurs limites. Puis enfin, ce fut le « mode silence » de sa mort psychique et d'une incapacité totale à créer, sans plus aucun recours.

Ce n'est parfois qu'une contention transitoire qui permet de protéger d'un éclatement, afin d'éviter à l'être de se détruire malgré lui. Mais quand la contention s'associe à l'isolement, c'est signer la mort de l'être et de sa capacité créative. Ce fut le cas pour Nijinski. Il s'est éteint dans sa folie qui lamina sa créativité. Mort à l'âge de 61 ans, il n'a finalement connu que sept ans de gloire pour trente et un ans de silence, emmuré dans le néant de sa folie.

Antonin Artaud, la cruauté des raclures de l'âme

Antonin Artaud est devenu la figure archétypale du génie fou dans laquelle se projettent des fantasmes hétéroclites et des prises de position idéologiques passionnées et antagonistes, sans s'embarrasser de la complexité et de la richesse d'une œuvre. Rappelons que l'éditeur Gallimard a rassemblé, rien qu'en ce qui concerne les écrits, vingt-huit tomes. On veut s'arracher la dépouille d'Artaud pour en faire le poète foudroyé ou la victime de vilains psychiatres, ou le génie incompris ou bien le schizophrène, ou pire, un imposteur, un fou dangereux mais aussi celui qui a révolutionné le théâtre, la poésie, ou qui n'a produit qu'une diarrhée verbale ridicule et délirante. Cette utilisation opportuniste transforme Antonin Artaud en une surface de projection, un porte-drapeau, un bouc émissaire. Cela prouve au moins que la prospérité de l'œuvre de cet artiste original, à la fois écrivain, poète, acteur, dessinateur, penseur... ne se laisse pas approcher facilement et ne peut être instrumentalisé à des fins idéologiques et personnelles.

Pour mieux comprendre la souffrance d'Antonin Artaud, il est utile de la contextualiser dans une époque elle-même mouvementée. Né en 1896, il a 18 ans quand la Première Guerre mondiale est déclarée. Et lorsque la Seconde Guerre mondiale éclate, il est déjà interné en hôpital psychiatrique où il vit la condition infâme du fou isolé et la famine, comme la plupart des malades mentaux de l'époque. On a dit « extermination douce[62] » pour dire laisser mourir de faim. En fait, la condition est alors extrêmement dure pour ces êtres fragilisés et inaptes à se défendre. Artaud est mort en « liberté » d'un cancer du rectum non diagnostiqué puis négligé, qui le rongera durant les dernières années de sa vie. Artaud (1896-1948) vit aussi une période de bouillonnement culturel, notamment le mouvement surréaliste auquel Artaud, avec d'autres artistes, se confronte, entre adoption, fascination, puis rejet passionné jusqu'à son bannissement par l'autocrate André Breton.

Jusqu'à la fin de sa vie, Artaud crie ses mots, éructe sa poésie, la scande de coups frappés sur un billot pour faire entendre la matière brute des mots et de la vie qu'ils contiennent. Sa présence est étrange et violente. Il explore sans ménagement l'autre côté du miroir, derrière l'apparence, les conventions et les mises en scène. Il prend le risque de s'y retrouver seul, suspendu au bord d'un gouffre. Il y chute tragiquement à plusieurs reprises. Il hurle sa folie et sa souffrance, mais aussi celles d'un monde et d'une culture qui l'asphyxient. Reste à savoir ce que l'on entend par folie et ce que lui entend lorsqu'il évoque sa souffrance et sa folie. Reste à saisir en quoi cette folie interfère dans sa vie, dans sa poésie, comme dans la marche du monde. Reste à le contextualiser dans la dimension politique de cette époque.

En 1933, Antonin Artaud donne une conférence à la Sorbonne, Le Théâtre et la peste. Dans son journal,

---

62. Max Lafont, *L'Extermination douce. La cause des fous, 40 000 malades mentaux morts de faim dans les hôpitaux sous Vichy*, Le Bord de l'eau éditions, Matresnes (33600), 2000.

Anaïs Nin[63], un temps proche de lui, témoigne de ce moment unique :

> « Il avait le visage convulsé d'angoisse, et ses cheveux étaient trempés de sueur. Ses yeux se dilataient, ses muscles se raidissaient, ses doigts luttaient pour garder leur souplesse. Il nous faisait sentir sa gorge sèche et brûlante, la souffrance, la fièvre, le feu de ses entrailles. Il était à la torture. Il hurlait. Il délirait. Il représentait sa propre mort, sa propre crucifixion. »

Le public, terrassé, ne peut que fuir sa présence tragique, comme pour Nijinski lors de sa dernière danse à l'hôtel Suvretta. L'intensité dramatique de telles prestations suscite l'effroi et le rejet car elle explore jusqu'à l'extrême limite, sans concession, un réel tragique qu'il est obscène de montrer. C'est une folie, au sens de la transgression d'un tabou, que d'exprimer la noirceur de son chaos et d'oser mettre en scène la face monstrueuse du monde. Comme d'autres artistes, il pressentait le chaos du monde et la folie du nazisme naissant, en butte à la bourgeoisie traditionnelle de l'époque. C'est autrement plus inconvenant que de déplorer cette part sombre en suscitant une connivence du public dans le pathos. Ce n'est pas par choix politique ou esthétique mais par nécessité impérieuse que ces deux artistes bousculèrent le débat en se livrant sans retenue dans leur douloureuse et

---

63. Anaïs Nin, *Journal*, cité *in* Florence de Mèredieu, *C'était Antonin Artaud*, Fayard, 2006, p. 480.

cruelle réalité. À la Sorbonne on peut l'envisager, mais quand l'intolérable a lieu dans l'espace public, alors l'énergumène est vite évacué par les forces de l'ordre et interné, quelle que soit la véracité et la poésie de sa monstration. C'est ce qui arrive à Antonin Artaud, possédé et excité par son délire mystique qu'il déclame en pleine rue lors de son voyage « spirituel » en Irlande.

Quinze ans après sa première conférence, Antonin Artaud, le rescapé de l'asile, en donne une autre en 1947 au théâtre du Vieux-Colombier, *Histoire vécue d'Artaud-Mômo*, huis clos de trois heures face à une salle comble et un parterre éminent. Certains l'attendent, qui ont aidé à sa libération de l'hôpital psychiatrique de Rodez où il a été interné durant quatre ans, après en avoir subi six dans celui, autrement infâme, de Ville-Evrard. Ce rendez-vous avec le public est donc très important pour Artaud. Et comme souvent, pour ce qui est crucial, il en ressort apparemment une forme de ratage, témoin du ressenti intransmissible par les mots. Entre imprécations, spasmes, paroles saccadées plutôt que scandées, intense crispation du corps et de la voix, le propos se fige autour de l'innommable, de l'impossible à dire. Artaud voulait exprimer l'intensité de son ressenti et de ses convictions et ne trouve comme possible que sa voix qui hurle, qui éructe l'impasse du corps, la prééminence de l'excrémentiel, l'homme masturbateur et châtré, sa colère face à Dieu et aux psychiatres. Il crie la mascarade de la vie, ses envoûtements, la mort à Rodez, l'électrochoc, la barbaque. En fait, sachant le message tragique et apocalyptique qu'il avait à transmettre, son échec est une réussite par l'intensité du chaos et du malaise qu'il opère sur un public médusé. André Gide en témoigne quelque temps après la mort d'Artaud[64] :

> « Oh non ! plus personne, dans l'assistance, n'avait envie de rire ; et même, Artaud nous avait enlevé l'envie de rire pour longtemps. Il nous avait contraints à son jeu tragique de révolte contre tout ce qui, admis par nous, demeurait pour lui, plus pur, inadmissible.
> Nous ne sommes pas encore nés.
> Nous ne sommes pas encore au monde.
> Il n'y a pas encore de monde.
> Les choses ne sont pas encore faites.
> La raison d'être n'est pas trouvée...
> En quittant cette mémorable séance, le public se taisait. Qu'eût-on pu dire ? L'on venait de voir un homme misérable, atrocement secoué par un dieu, comme au seuil d'une grotte profonde, entre secret de la sibylle où rien de profane n'est toléré, où, comme sur un Carmel poétique, un vates exposé, offert aux foudres, aux vautours dévorants, tout à la fois prêtre et victime... L'on se sentait honteux de reprendre place en un monde où le confort est formé de compromissions. »

Certains n'ont vu en Artaud que le misérable boiteux, mais cet homme précaire, à l'instar du Zarathoustra de

---

64. André Gide, in *Combat*, 19 mars 1948, cité dans Artaud, *Œuvres*, Quarto, Gallimard, 2004, p. 1191.

Nietzsche, s'est toujours tenu debout, vif, face au monde des humains, pour en dénoncer l'inanité et l'obscénité tout en invitant chacun, dont lui en premier lieu, à faire avec sa précarité, ses doutes, et donc avec sa force d'exister malgré tout. Artaud a traversé bien des épreuves depuis sa naissance mais il n'a jamais cédé, y compris dans sa folie et sa déchéance physique. Malgré son corps meurtri par la famine, son cerveau et sa raison mis à mal par les électro-chocs et l'usage abusif des dérivés d'opium, il n'a cessé de créer jusqu'au jour de sa mort, luttant contre la douleur du cancer, et celle de l'esprit.

L'enfance d'Artaud fut marquée par des traumatismes qui reviennent, dramatisés, sous sa plume. Par ses propos fracassants et son comportement, il rejette ses parents et sa famille dans sa tentative pour lutter contre le chaos en soi, pour faire de ce chaos dévastateur la promesse d'une renais-sance : se faire naître au prix du délire. Dans sa construction délirante, il revendique son auto-engendrement, allant jusqu'à changer son patronyme pour celui de Nalpas, nom de sa grand-mère maternelle. Surnommé Nanaqui par ses parents, en écho à Nénéqué, surnom de sa grand-mère, sœur de son autre grand-mère, sa protohistoire est signée du mariage consanguin de ses parents. Plusieurs enfants de ce couple sont morts prématurément. À 9 ans, Antonin fut particulièrement choqué par le décès de sa sœur Germaine, secouée par sa gouvernante. Les troubles d'Artaud ont débuté très tôt et dès l'âge de 5 ans, il a subi une électrothérapie pour apaiser ses maux de tête, anticipant un soin empirique tout aussi traumatisant, les électrochocs subis à l'asile de Rodez.

À 14 ans, Artaud était sociable et partageait sa poésie avec d'autres adolescents. Son parcours psychiatrique débute dès 18 ans et l'oblige à interrompre brutalement ses études. Il subit de brefs placements psychiatriques, puis quitte Marseille pour Paris grâce au soutien attentif de psychiatres et psychanalystes parisiens. Ces « tuteurs » vont l'accompagner en tentant de lui éviter une rechute. Ce cadre contenant et chaleureux lui apporte aussi une ouverture sur la vie culturelle parisienne, qui lui permet de développer une vie créative intense au contact d'artistes, de poètes et de metteurs en scène. Acteur au cinéma et au théâtre, poète infatigable, il marque de sa profonde singularité chacune de ses apparitions. Il réussit à bousculer le théâtre en introduisant le concept de « théâtre de la cruauté ». Il écrit aussi de grands textes poétiques dont *L'Ombilic des limbes*, *Le Pèse-nerfs*, *Fragments d'un journal d'enfer*, tout cela en participant activement au mouvement surréaliste.

De 1920 à 1936, Artaud déborde d'audace, de créativité et d'initiatives artistiques. D'un abord à la fois courtois et heurté, il dérange et ne laisse jamais indifférent, générant autour de lui une animation, une tension houleuse et un certain agacement. Les proches témoins de l'époque ont décrit le paradoxe de son contact qui relève d'une sorte d'attractivité répulsive. Et pour cause, car Artaud éprouve en lui-même la même tension déchirante, qui est aussi sa source de création et d'angoisse mêlées. En témoignent ses déclarations :

« Il y a une angoisse acide et trouble, aussi puissante qu'un couteau, et dont l'écartèlement a le poids de la terre, une angoisse en éclairs, en ponctuation de gouffres, serrés et pressés comme des punaises, comme une sorte de vermine dure et dont tous les mouvements sont figés, une angoisse où l'esprit s'étrangle et se coupe lui-même – se tue.

Elle ne consume rien qui ne lui appartienne, elle naît de sa propre asphyxie.

Elle est une congélation de la moelle, une absence de feu mental, un manque de circulation de la vie[65]. »

« Ce que vous avez pris pour mes œuvres n'étaient que les déchets de moi-même, ces raclures de l'âme que l'homme normal n'accueille pas.

Que mon mal depuis lors ait reculé ou avancé, la question pour moi n'est pas là, elle est dans la douleur et la sidération persistante de mon esprit[66]. »

« Il faut que l'on comprenne que c'est bien l'homme vivant qui est touché en moi et que cette paralysie qui m'étouffe est au centre de ma personnalité usuelle et non de mes sens d'homme prédestiné. Je suis définitivement à côté de la vie. » [...] « Voilà longtemps que je ne commande plus à mon esprit, et que mon inconscient tout entier me commande avec des impulsions qui viennent du fond de mes rages nerveuses et du tourbillonnement de mon sang. » [...] « Ces formes terrifiantes qui s'avancent, je sens que le désespoir

---

65. Antonin Artaud, *L'Ombilic des limbes*, in *Œuvres, op. cit.*, p. 117.
66. *Id., ibid., Le Pèse-nerfs*, p. 163

Dans le piège de la folie : la chute

qu'elles m'apportent est vivant. Il se glisse à ce nœud de la vie après lequel les routes de l'éternité s'ouvrent. C'est vraiment la séparation à jamais. Elles glissent leurs couteaux à ce centre où je me sens homme, elles coupent les attaches vitales qui me rejoignent aux songes de ma lucide réalité[67]. »

La force et l'acuité de ces écrits montrent à quel point Artaud supporte quotidiennement une angoisse que le commun des mortels a la chance de ne pas connaître. Il la décrit avec une verve poétique qui n'a rien de la plainte complaisante, de la complainte, ni d'un pathos dramatisé. Sa vie durant, il tente vainement d'apaiser son angoisse intime et étrangère, écrasante et térébrante, qui lamine sa pensée et sa créativité. Il est en quête d'autres sensations, plus douces. Il cherche un entre-deux moins angoissé, mais ne le trouve qu'aux portes du néant, avec le soulagement par les dérivés opiacés, ce qui lui permet de continuer à créer. Dans le néant du corps flottant et apaisé, le sentiment d'étrangeté est majoré par le laudanum dont il use à l'excès, sans jamais parvenir à se libérer de sa dépendance à ce dérivé d'opium, car il y trouve le « vrai néant effilé[68] ».

Si l'origine de son angoisse reste incertaine, si les causes en sont probablement multiples, associant de possibles perturbations neurologiques aux effets de traumatismes psychiques liés à son histoire précoce, les conséquences n'en

---

67. *Id., ibid., Fragments d'un journal d'enfer*, p. 176-177.
68. Antonin Artaud, *L'Ombilic des limbes*, in *Œuvres, op. cit.*, p. 117.

sont pas moins dramatiques, d'autant que leur approche thérapeutique est très maladroite. D'ailleurs, plutôt que d'en chercher la cause, source d'élucubrations psychologisantes, intéressons-nous à ce qui se produit en lui quand l'angoisse le domine. Dans les quelques citations ci-dessus, une infime part de ce qu'il a écrit sur sa souffrance et son désespoir, Artaud exprime avec sa poésie ciselée, l'effet terrassant immédiat et les conséquences destructrices d'un tourment qui peut aller jusqu'au raz-de-marée dévastateur, jusqu'à la folie qui le dépossède de lui-même par un envahissement hallucinatoire et délirant.

Selon les événements et les situations auxquels Antonin Artaud se confronte sa vie durant, les effets immédiats et les conséquences de l'angoisse sont plus ou moins tragiques. Il va jusqu'à imploser dans une désorganisation chaotique de son rythme vital qu'il tente de restaurer par la scansion de ses coups et de ses cris de phonèmes. Son angoisse le satellise aussi dans un espace spirituel d'ordre divin où il devient l'âme pure, le corps sans organe. Ainsi, la matérialité triviale de son corps le laisse en paix. Mais il explose littéralement comme une baudruche gonflée par le délire qui grossit sur un mode mégalomaniaque. Il devient alors l'envoyé de Dieu, l'élu, le messie, le sacrifié, l'ange exterminateur de la pourriture sexuée et excrémentielle du monde. Puis il s'effondre, épuisé, terrassé par la persécution de ses hallucinations. Il n'est plus que le sacrifié, crucifié, envoûté, vaincu par la menace qui pèse sur son être.

Lisant ses nombreux textes poétiques qui témoignent de ces différentes formes de ratages et de ravages, on mesure ce à quoi l'ont exposé les effets redoutables de l'angoisse et de sa déstructuration neuropsychique. On y perçoit la voie étroite d'une existence en suspens entre création et folie, et la brève « fenêtre de tir » qui restait à sa créativité pour produire ses « objets » artistiques non identifiés : poésie, texte, scénario, conférence, dessin... Jusqu'en 1936, année de ses 40 ans, il y réussit malgré tout assez bien. Il parvient à mettre en forme sa théorisation du « théâtre de la cruauté » et à la concrétiser dans la pièce *Les Cenci,* créée en 1935. Même si le succès de cette pièce n'est pas au rendez-vous, elle fait date dans l'histoire du théâtre, et constitue toujours un objet d'étude et un modèle.

Dans *Le Théâtre et son double*[69], Antonin Artaud milite pour une révolution du théâtre avec en point d'orgue, ses deux manifestes pour un « théâtre de la cruauté ». Dans le second, il définit ce qui deviendra une référence occidentale majeure pour l'avenir du théâtre :

> « Le Théâtre de la Cruauté a été créé pour ramener au théâtre la notion d'une vie passionnée et convulsive ; et c'est dans ce sens de rigueur violente, de condensation extrême des éléments scéniques qu'il faut entendre la cruauté sur laquelle il veut s'appuyer. Cette cruauté, qui sera sanglante, quand il le faudra, mais qui ne le sera pas systématiquement, se confond donc avec la notion d'une sorte d'aride pureté morale qui ne craint pas de payer la vie le prix qu'il faut la payer[70]. »

---

69. Antonin Artaud, *Le Théâtre et son double,* in *Œuvres complètes,* tome 4, Blanche, Gallimard, Paris, 1964, (réimpr. 1979).
70. *Id., ibid.,* p. 146.

Jacques Derrida précise la volonté d'Artaud d'épurer la mise en scène, de la libérer et de libérer le théâtre de la psychologie et de l'emphase :

> « Le théâtre de la cruauté n'est pas une représentation. C'est la vie elle-même en ce qu'elle a d'irreprésentable. La vie est l'origine non représentable de la représentation. Cette vie porte l'homme mais elle n'est pas d'abord la vie de l'homme. Celui-ci n'est qu'une représentation de la vie et telle est la limite – humaniste – de la métaphysique du théâtre classique[71]. »

« Aride pureté morale qui ne craint pas de payer la vie le prix qu'il faut la payer », écrit Artaud. Entendons bien son propos qui pourrait figurer en frontispice de sa vie rigoureuse et douloureuse en quête d'une représentation possible de ce « réel irreprésentable ». C'est ce qu'il a voulu à tout prix transmettre depuis son promontoire d'intercesseur nietzschéen.

S'il a bousculé le sens et la fonction de théâtre, Artaud, comme tous les précurseurs, n'en a reçu qu'une faible audience à l'époque, alors qu'aujourd'hui, il est de bon ton de s'en réclamer, y compris en dévoyant l'esprit révolutionnaire qui le portait.

L'acuité artistique d'Artaud est exceptionnelle. Il explore et utilise tous les registres de la créativité, de l'expression d'une dramaturgie qui l'animent, le troublent au plus

---

71. Jacques Derrida, *L'Écriture et la Différence*, Points, Éditions du Seuil, 1967, p. 343.

Dans le piège de la folie : la chute

profond jusqu'à produire une pensée créative, élaborée et transmissible. Même s'il agace, Artaud est respecté par les gens de théâtre. En 1935, il n'est pas encore entravé dans son processus de création, fluide et prolifique, qu'il peut canaliser pour produire ses objets artistiques (*Les Cenci*, et d'autres pièces) et des propositions esthétiques très inventives.

En 1948, à la fin de sa vie, Artaud est sollicité pour réaliser une pièce radiophonique. C'est pour lui une période très productive, entre poèmes, dessins, lettres et textes. Il est en recherche créative permanente, fulgurante et précipitée. Intuitivement, il perçoit le cancer rongeant son rectum, dont il dit poétiquement la douleur parfois insoutenable, ce qui le pousse à majorer les doses de laudanum et à utiliser un autre sédatif redoutable, l'hydrate de chloral. Après dix ans d'emprise du délire et l'épreuve de l'internement, de ses conditions et de ses traitements barbares, il réside enfin dans un lieu plus hospitalier bien qu'assez spartiate, loin du brouhaha du monde, libre de ses mouvements et de ses relations. Il est aussi dégagé des contingences matérielles depuis que ses proches ont récolté une somme importante pour lui permettre de vivre en quittant l'asile. Il est très entouré par ses amis, attentifs à son bien-être, et qui lui procurent ses drogues sédatives et antalgiques.

À la fin de sa vie, Antonin Artaud est enfin écouté et reconnu. Pour autant, il ne s'est pas assagi. Sa pensée, sa poésie et ses convictions restent frappées du sceau d'une folie qu'il connaît mieux, qu'il maîtrise et parvient à exploiter dans sa création. Son comportement et ses emportements sont mémorables, et chacun fait en sorte de le ménager et d'éviter de le déranger. Sa frénésie créative d'alors, fascine autant par son intensité dramatique que par son originalité. Créer une pièce radiophonique lui correspond bien car il cherche toujours une essence de la poésie et de l'existence à travers le rythme, l'onomatopée, les culbutes et les torsions de phonèmes, la stridence et les brutales variations de voix. Là aussi, il est un précurseur, mais parce qu'il a su écouter les Indiens Tarahumaras lors de leurs fêtes rituelles pendant son séjour au Mexique en 1936. Il a su en extraire le souffle vital, le rythme et donc, son inspiration poétique. C'est d'autant plus important pour lui qu'il y a trouvé une révélation spirituelle. Même si cette révélation s'est soldée par un délire messianique à l'origine de l'internement par la force publique, elle constitue le point d'ancrage qui lui permet un temps d'apaiser son angoisse massive et le péril du gouffre psychotique. Il faut bien comprendre que la dimension spectaculaire du délire et parfois sa dangerosité peuvent constituer une réponse paradoxalement apaisante à une angoisse dévastatrice qui ne se voit pas, qui ne dérange personne, mais qui peut être insoutenable.

Les auditeurs de l'époque n'ont pas eu la chance (ou l'effroi) d'entendre la pièce terrible créée par Artaud, *Pour en finir avec le jugement de dieu.* Ce dieu avait perdu sa majuscule car Artaud croyait en avoir fini avec le dieu tout-puissant dont il était l'élu dans son délire, mais il n'en avait pas fini avec le divin, la pureté et le sacré. L'émission fut censurée au dernier moment, au grand dam d'Artaud et des proches acteurs qui y participaient, Maria Casarès, Roger Blin et Paule Thévenin, amie fidèle qui fut aussi la remarquable exécutrice testamentaire de l'œuvre d'Antonin Artaud. Quand la vie n'est que cruauté et souffrance, la mise en scène du théâtre de la cruauté ne peut être que brutale, obscène et violente. Le texte crié et scandé par les percussions et les hurlements stridents d'Artaud, est empreint d'une vindicte extrême contre l'espèce humaine. Il faut en finir avec l'homme et avec Dieu ; il faut priver l'homme d'organe et de sexe et « lui refaire son anatomie[72] » :

> « Là où ça sent la merde
> ça sent l'être.
> L'homme aurait très bien pu ne pas chier,
> ne pas ouvrir la poche anale,
> mais il a choisi de chier
> comme il aurait choisi de vivre
> au lieu de consentir à vivre mort[73]. »
> « mais ce qu'on a appelé les microbes
> c'est dieu,
> et savez-vous avec quoi les Américains et les Russes
> font leurs atomes ?
> Ils les font avec les microbes de dieu.
> — Vous délirez, Monsieur Artaud.
> Vous êtes fou.
> — Je ne délire pas.
> Je ne suis pas fou.

---

72. Antonin Artaud, *Pour en finir avec le jugement de dieu*, in *Œuvres*, *op.cit.*, p. 1654.
73. *Id., ibid.*, p. 1644.

La folie de l'artiste

Je vous dis qu'on a réinventé les microbes afin d'imposer une nouvelle idée de dieu[74]. »

« o reche modo
to edire
di za
tau dari
do padera coco[75]. »

Ces trois extraits d'un texte d'une intensité inouïe, montrent
à quel point Antonin Artaud crée sur le tranchant de la vie.
Avec une conscience aiguë, il anticipe l'argument de la folie
pour asseoir son propos visionnaire qui n'en a pas fini avec
le délire mais ne s'y réduit plus. *Pour en finir avec le jugement
de dieu* surgit dans notre monde bien ordonné comme un
objet virtuel non identifié, ovni qui ne pouvait être diffusé
tant il était jugé cru, brutal et porteur de quelques vérités
pas toujours bonnes à dire. Mais ce n'est pas parce qu'un
propos est dérangeant, obscène et provocant qu'il est fou
pour autant. Si la puissance poétique doit en passer par là
pour Artaud, c'est pour exprimer l'inexprimable, l'innommable, l'abominable pulsation qu'il éprouve dans ses tripes.
C'est dans cet esprit qu'il assimile le sexuel à l'excrémentiel,
la passion à l'organe, l'existence à la merde. En deçà de ses
élucubrations politiques et morales discutables, il extrait de
sa « poche noire » un matériau brut et impensé, ses « raclures

---

74. *Id., ibid.*, p. 1653.
75. *Id., ibid.*, p. 1645.

Dans le piège de la folie : la chute

de l'âme » : raclures de sa couenne infectée, de son mal, et qui peuvent nous ravir comme des raclures de truffe. L'abject pourrait ravir ! Ce paradoxe s'explique grâce à la force poétique d'Artaud qui extrait ses « aérolithes mentaux », leur donne une forme en légère « floculation » issue de l'esprit flottant, puis tout se cristallise et prend violemment corps dans ce qu'il nomme sa « pierrerie mentale »[76].

Riche de l'expérience douloureuse de sa vie chaotique, hallucinée et souffrante, libéré de l'asile, Antonin Artaud est en quelque sorte devenu un sage fou, un mage pour les proches qui le côtoient, envoûtés par la force de sa présence, et son étrangeté. Il parvient à nouveau à rester ouvert au bouillonnement créatif qui l'anime. Il peut aussi préserver son souffle poétique sans basculer dans la folie, mais sans toutefois parvenir à restaurer une pensée inventive élaborée et transmissible. En fait, il n'en a aucune intention car il est passé à autre chose de plus réel, de plus vrai, de plus urgent pour lui. Il en arrive même à récuser le théâtre et sa sophistication trop éloignée de sa quête.

À quoi nous a-t-il ainsi permis le libre accès ? À la voie royale d'un rêveur qui accepterait de se tenir ouvert, attentif guetteur à l'orée de sa mangrove matricielle, là où s'entrelacent les racines inconscientes de ce qui fait le cœur de l'imaginaire, de cette vibration émotive qui guide l'existence affective. C'est la voie ascétique du poète qui ose aller au-delà, agit et prend le risque de donner forme à ces fragments épars enfouis, à ses « aérolithes mentaux ». Artaud les structure en

---

76. Antonin Artaud, *Le Pèse-nerfs*, in *Œuvres, op. cit.*, p. 162.

une sorte de rhizome diffus et affleurant. Il en conçoit un diagramme hermétique à la raison mais accessible au poète et au psychanalyste. Il parvient à extraire ces « aérolithes » de sa matrice, source de ses sensations originaires et inouïes dont celles, douloureuses, du vécu traumatique précoce toujours prêtes à surgir jusqu'à le rendre fou s'il ne parvient pas à hurler à la face du monde. C'est ce qu'Artaud nomme sa « poche noire », un gouffre d'angoisse empli de bile douloureuse. C'est cette matrice d'un imaginaire enfantin précoce qui, pour d'autres créateurs, devient un « arsenal », celui de Vladimir Veličković, recélant un trésor de sensations, ou un « casier à gestation », celui de Mauro Corda, empli de formes en puissance, et souvent, une « boîte de Pandore » chargée d'une multitude de fragments d'existence[77].

Donc, si Antonin Artaud est devenu une telle icône de la culture occidentale, ce n'est ni en tant que figure du fou à lier, ni en tant que symbole victimaire d'un système asilaire barbare, c'est avant tout parce qu'il est un des rares créateurs qui a pris le risque de racler à ce point son âme souffrante, qui a réussi à exprimer sans concession, au plus près, les fragments épars surgis de sa « poche noire » : corps et âme emplis de sensations originaires, dont certaines déchirantes et traumatiques. Icône, donc, car ces sensations exprimées sont aussi puissantes qu'universelles. De plus, il a trouvé le bon souffle vital, la poésie des mots bruts et le rythme originel heurté qui lui permettent d'en rendre compte fidèlement.

---

77. Ces expressions d'artistes, je les ai recueillies lors d'entretiens approfondis qui sont relatés dans *Créer pour vivre – vivre pour créer, op.cit.*

Dans le piège de la folie : la chute

C'est pour cela qu'il mobilise si fortement nos émotions, y compris les plus secrètes et irrecevables.

Après avoir envisagé ces aspects de la création d'Antonin Artaud, intéressons-nous à ce point de rupture de la période hallucinatoire et délirante dont les prémisses manifestes remontent à 1936, peu avant son voyage au Mexique, puis explosent à l'été 1937 lors de son séjour mouvementé en Irlande. Hypothèse, le délire messianique d'Artaud, porté par une folle révélation, est-il aussi un acte de création ? Pourquoi pas, mais à condition de distinguer l'acte de créer au sens de générer en soi des représentations virtuelles, et l'acte de faire œuvre par la mise en forme volontaire des représentations dans un objet artistique, une pensée philosophique, une invention scientifique. La limite entre folie et création est ténue si on convient de ne pas indexer l'acte de création, y compris sous la forme du délire verbal poétique d'Artaud ou de Raymond Roussel, avec l'objet créé, concret ou virtuel, selon des critères esthétiques définis. Florence de Mèredieu, biographe d'Artaud l'évoque en refusant de différencier les signes délirants et les signes créatifs, intimement liés : « Toute sa vie [...] fut articulée autour d'une profusion de signes [...]. Tout est censé posséder une signification. Le moindre événement, le moindre objet, la plus mince rencontre situent l'individu au centre d'une gigantesque toile ramifiée et au cœur d'un de ces réseaux où s'accumulent les significations[78]. »

---

78. Florence de Mèredieu, *C'était Antonin Artaud, op. cit.*, p. 644.

Quand Antonin Artaud entame un voyage initiatique au Mexique, il est en quête de signes, de sens et de vérité. Au contact des Indiens Tarahumaras, il est convaincu d'avoir enfin la réponse absolue à son existence. Il peut alors tenter de relier entre eux les lambeaux des représentations informes de sa matrice sensible d'origine traumatique. Ainsi, il va en neutraliser le surgissement intempestif débordant comme d'une boîte de Pandore, associé à une angoisse insoutenable. Il donne à ces représentations informes, une forme délirante mais qui tente de rassembler son être. Cette forme est spirituelle et sacrée, même si elle relève plus du bricolage dans l'urgence que de la création d'un maillage solide sur lequel il pourrait prétendre asseoir une vraie consistance de son existence. En fait de trouvaille illuminée, comme l'écrit Olivier Penot-Lacassagne, il s'enfonce plutôt dans l'obscurité de ses signes cabalistiques, et la réponse absolue de sa conviction délirante devient l'échec de sa vie : « Cette nouvelle intelligence du réel fournit une cohérence permettant à Artaud de saisir la solidarité essentielle de phénomènes que l'entendement juge normalement irrecevables, fantaisistes ou délirants : telle rencontre fortuite, considérée maintenant comme déterminante ; tel objet – une canne, une épée – qu'il croit investi de pouvoirs bénéfiques et maléfiques ; tel signe avant-coureur longtemps obscur, qu'il sait maintenant déchiffrer[79]. »

---

79. Olivier Penot-Lacassagne, *Antonin Artaud*, Aden, Bruxelles, 2007, p. 258.

Dans le piège de la folie : la chute

De retour du Mexique, Artaud l'écrit à Cécile Schramme qu'il est convaincu d'aimer :

> « Je sais maintenant qui je suis, ce que je vais faire, pourquoi je vis et pourquoi je suis né. Et tout cela, croyez-le, n'est pas une petite affaire... Je touche, paraît-il, au bout de mes peines, et le Sens de ma vie va changer[80]. »

Après deux cures de désintoxication à sa dépendance aux opiacés, sa conviction délirante se creuse un peu plus encore. Il prédit l'apocalypse et quête les signes qui lui enjoindraient d'être le sauveur. C'est donc dans une certaine excitation qu'il part en Irlande, muni d'une canne dont il est convaincu qu'elle est investie de pouvoirs qui lui seraient conférés en tant qu'Élu de Dieu. Ce n'est plus un voyage initiatique mais un voyage pathologique qui se termine très mal pour lui, puisque son agitation délirante au milieu de la population, conduit à son arrestation, à son rapatriement en France, et à son long placement d'office en hôpital psychiatrique, à Sotteville-lès-Rouen, à Sainte-Anne, puis à Ville-Evrard où il connaît une profonde déchéance physique, et enfin à Rodez.

Si, lors de la première phase mexicaine, sa quête spirituelle lui permet de donner sens, la voie messianique dont il se saisit ensuite le conduit à l'insensé, car ce trop-plein d'un sens unique et révélé, empêche sa perception du monde

---

80. Lettre à Cécile Schramme, 3 février 1937, cité par Évelyne Grossman, éditrice d'Antonin Artaud, *Œuvres*, dans la collection Quarto, Gallimard, Paris, 2004, p. 1748.

et des autres. Paradoxalement, la quête de sens semble lui permettre d'exister, mais quand il est convaincu d'avoir trouvé, qu'il se remplit d'un Sens majuscule, sa raison et son existence en tant que sujets sont évacuées par le trop-plein du délire. Si celui-ci constitue le recours imaginatif qui apaise l'angoisse, s'il est la tentative de se créer, par contre, ce qu'il construit, son homme nouveau – il s'affuble au passage d'un autre nom – s'avère non viable dans le monde policé des humains. Sa folie, outre les conditions ignominieuses de l'internement, impose à son être une peine propitiatoire et à son corps, un châtiment expiatoire, par l'entremise de cénesthésies (sensations corporelles douloureuses) et de mutilations hallucinatoires. Il éprouve et rejette violemment l'emprise de ce qu'il éprouve face aux tentations qu'il exècre, particulièrement au niveau sexuel. La réponse absolue au sens de son existence devient un cauchemar qui ne s'apaise que progressivement lors du transfert à l'asile de Rodez où de meilleures commodités lui sont proposées par le docteur Gaston Ferdière. Mais là encore, sur un autre mode que la faim et l'isolement, il subit les dégâts cognitifs provoqués par la soixantaine d'électrochocs qui lui sont administrés. C'est principalement ce qui a été reproché au docteur Ferdière, qui, par ailleurs, a créé les conditions pour qu'Antonin Artaud puisse reprendre une activité créative qui, à ce stade de l'internement, est redevenue prolifique.

L'agitation délirante et les jaculations messianiques au tout-venant du retour d'Irlande et des débuts d'internement ne relevaient pas d'un acte de création productif, mais plutôt de scories, de ce qu'Artaud nomme ses « raclures de l'âme »

Dans le piège de la folie : la chute

charriées sans limites, sans contrôle, ni de la raison, ni de la conscience. Par contre, quoi qu'on ait pu critiquer légitimement l'hôpital psychiatrique de Rodez et le docteur Ferdière, les scories de son chaos psychique sont devenues un flux intense de fragments épars auxquels Artaud a progressivement rendu une forme poético-délirante. Il en reste de nombreuses lettres, poèmes, textes enflammés, quantité de dessins et de portraits dont la présence et l'intensité ne trompent pas sur la créativité et la qualité artistique retrouvée d'Artaud. Même s'il écrit alors qu'il perd la mémoire, qu'il est maladroit, son style et sa force poétique sont toujours vifs, peut-être même plus encore qu'avant son internement.

Sur incitation de Gaston Ferdière, Antonin Artaud va écrire et dessiner ses fragments et ses lambeaux de représentations sur les milliers de pages de ses cahiers de Rodez. Il a en commun avec ceux qu'on nomme artistes d'« art brut » (l'expression est de Jean Dubuffet), de remplir la page sans y laisser d'espace, avec des mots, du texte, des pictogrammes et des dessins. Rien d'insultant à comparer cet épanchement expressif-créatif à ceux réalisés par des êtres différents, malades, en souffrance, créant dans l'innocence de leur inculture artistique. Artaud partage avec eux de tenter ainsi d'habiter son étrange cosmogonie, dans un milieu hostile et chargé en lui-même de représentations qui se bousculent violemment.

Projeter sa cosmogonie sur la page blanche lui permet de donner forme à un monde éclaté et à son être à la dérive, lui, le naufragé sans balise, inapte à la vie. En effet, sa canne ne l'a pas conduit à être le sauveur, mais l'a plongé dans l'éclatement d'un chaos destructeur. Paule Thévenin évoque ces traces d'être dans le recueil de dessins d'Antonin Artaud[81] : « Il lui faut s'emparer de l'espace entier, le peupler de signes et de mots, le garnir dans tous les sens d'armes diverses, ne pas laisser se faire jour la moindre brèche par où les maléfices pourraient s'exercer. Pas un centimètre carré n'est inoccupé. De même, dans les cahiers, en février 1945, pas un ne demeurera vierge, l'écriture, la main, noircira opiniâtrement la page blanche. Les dessins, comme les cahiers, sont de véritables machines de guerre [...]. »

Reste une question cruciale sur le droit à la liberté confronté à une éthique médicale. La liberté, Antonin Artaud peut enfin la revendiquer après quelque temps passé à Rodez, car il y est entendu et va mieux. Il entame un dialogue sans concession avec le docteur Ferdière. On connaît la phrase désormais célèbre, extraite d'une lettre d'Artaud à Jean Paulhan qui fait référence à un propos de son psychiatre, le docteur Gaston Ferdière : « Je suis là, Monsieur Artaud, pour redresser votre poésie[82]. » Que veut dire ce redressement ? Est-ce celui d'une institution de redressement qui rééduque par la contrainte et l'effacement du sujet, tels les camps de la révolution culturelle chinoise ? Oui, il y a de cela dans l'application acharnée du traitement violent par électrochocs et de la rééducation sociale. S'agit-il plutôt, ou aussi, de redresser un homme, un artiste à terre, éclaté, désarticulé, tel un

---

81. Paule Thévenin et Jacques Derrida, *Antonin Artaud, Dessins et portraits*, Gallimard, 1986, p. 32.
82. Lettre d'Artaud à Jean Paulhan, 27 février 1947, citée par Évelyne Grossman, in *Œuvres, op. cit.*, p. 1762.

Dans le piège de la folie : la chute

échafaudage effondré, et de le remettre debout ? L'attention de Gaston Ferdière à l'égard d'Artaud, le fait qu'il lui ait rapidement permis, malgré les contraintes de l'internement, de sortir en ville, la fourniture de cahiers et l'incitation à écrire, à dessiner... Tout cela allait dans le sens de permettre à Artaud de tenir à nouveau debout, de se redresser à travers sa poésie, certes avec les béquilles d'un milieu protégé, mais tout de même dans le respect de sa créativité. D'ailleurs, à sa sortie de l'asile de Rodez, Artaud a accepté et apprécié la relative protection de son pavillon d'habitation jouxtant la maison de santé d'Ivry. Redresser, en ce sens, signifierait : remettre debout, rétablir une position de sujet désirant, donc à même de revendiquer consciemment sa liberté. Ferdière hésitait à faire sortir Artaud, car il savait la fragilité de sa stabilisation. Alors, il a pris des précautions médicalement justifiées afin de permettre la sortie dans de bonnes conditions, même si celle-ci fut accompagnée par des proches, car l'expérience passée avait montré que ses amis n'avaient été que de bien peu d'utilité et d'efficacité face à l'éclosion du délire d'Antonin Artaud, désarmés qu'ils étaient par ses folles exigences et sa mise en péril délirante sans contestation possible.

Vincent Van Gogh, du vertige à l'effroi

À peine l'instant de le vivre, brutal, imprévisible, l'événement, un moment de catastrophe bouleverse l'existence. Alors, l'effroi tétanise toute velléité de création de l'artiste. À cet instant, seule la survie compte, si tant est que la mort ne se soit pas déjà invitée. Plus tard, si l'apaisement est rendu possible, la création artistique va pouvoir reprendre ses droits. Elle peut même devenir résolutive, après que le moment de sidération est passé.

Les suicides d'artistes sont assez fréquents[83]. Sont-ils pour autant liés à des événements catastrophiques ? Sont-ils plus médiatisés que d'autres ? Passé l'instant critique de crise, l'acte suicidaire est-il encore d'actualité ou a-t-il juste permis de « remettre les pendules à l'heure », puis de vivre et créer à nouveau ? La question mérite d'être posée car nombre d'artistes rescapés du suicide sont pris ensuite dans une création plus dévorante qu'avant leur acte. Est-ce la vie qui l'emporte, victorieuse contre la détresse et la mort, ou est-ce la frénésie face à la mort qui rôde encore ? Pour Van Gogh, Nicolas de Staël et bien d'autres artistes, le suicide fut un jour la seule issue. Créer était leur seul recours, et le redevient si l'issue n'est pas fatale, jusqu'au jour où... Pourquoi, à l'instant de l'acte suicidaire, leur recours créatif n'a pas fonctionné ou même, a aggravé leur pulsion autodestructrice ? L'acte créatif et la concrétisation d'un objet artistique n'ont-ils pas suffisamment permis d'exprimer et donc d'éviter un passage à l'acte ?

L'histoire de l'art, c'est donc aussi la longue liste d'artistes qui ont explosé en vol, ne trouvant plus comme issue au poids de l'existence ou à la déchirure intérieure qu'un suicide brutal ou programmé. Mais pour eux, cela relevait-il

______

83. En moyenne, 2,6 fois plus de suicides chez les artistes que dans la population générale, sans compter les conduites d'autodestruction. http://www.jobat.be/fr/articles/le-top-13-des-jobs-les-plus-menaces-de-suicide/

d'un choix, d'un destin tracé, d'une impasse existentielle ou de l'aggravation imprévisible d'une pathologie psychique que la création, même intensive et expressive, n'avait pu apaiser ? N'oublions pas d'y ajouter l'abus de toxiques divers et de drogues qui, équivalent suicidaire ou tentative pour stimuler ou canaliser l'énergie créatrice, conduisent au bord du précipice, si ce n'est à une mort prématurée, et consciemment délibérée. Du ravage de l'absinthe à ceux de l'alcool, de l'opium, de la cocaïne et des stimulants, les artistes utilisent souvent les drogues par nécessité psychique liée à leur passion, leur instabilité ou leur souffrance, mais aussi pour s'évader dans un paradis artificiel ou comme source de créativité et de quête intérieure de leurs formes imaginaires créatives.

Ce n'est pas un hasard si ces artistes « vrillés » deviennent des icônes. Ils sont les héros qui ont affronté les tempêtes et les affres d'une vie chaotique. L'artiste, incompris de son vivant, acquiert un statut et se vend mieux après sa mort, quand un public toujours friand de sensations, l'exhume et l'idolâtre, ou quand les marchands d'art spéculent sur sa tête. Mort, l'artiste n'est plus dangereux. Il devient possible de s'identifier à lui. La violence et parfois la tragédie de sa vie ne sont plus contagieuses. Ne reste qu'une fascination pour un destin dramatique que la critique aime mettre en relief avec l'œuvre qui devient alors géniale. Le public docile s'en empare et la spéculation se déchaîne. On crée le mythe sans hésiter à falsifier la réalité : Van Gogh, l'artiste maudit, est le génie incarné. Tout ce qu'il a créé est donc, par définition, fabuleux. Il n'est pas question de le contester. Et d'ailleurs, qui l'oserait quand la marque Van Gogh est déposée et que les gardiens du temple, entre ayants droit, biographes, historiens de l'art et critiques, veillent à préserver l'icône et leurs intérêts, s'entourant au besoin des plus grands experts patentés ?

Antonin Artaud a osé défier cet ordre, mais cela ne l'a pas empêché de déifier Van Gogh à sa manière. Il a voulu faire de Van Gogh un « suicidé de la société », à son image. Il en a fait son héros, son compagnon d'infortune, son alter ego. Artaud n'avait rien à envier à la tragédie de Van Gogh. Comme lui, il a connu le délire, les hallucinations et la folie. Comme lui, il a frôlé la mort et a passé des années en asile psychiatrique. Il savait ce que signifiait le geste ultime de Vincent qui, face au *Champ de blé aux corbeaux,* peint en juillet 1890, quelques jours avant, avait tiré une balle en plein dans son corps souffrant.

Artaud refusa que les vautours se nourrissent de la dépouille du peintre, et que les pilleurs d'épaves s'emparent d'un trésor qu'ils avaient méprisé du vivant de Van Gogh. Il refusa qu'on fasse de son alter ego dans la détresse et la quête de la vérité un génie maudit sous l'emprise d'une folie inté-rieure ou un dégénéré. Il a voulu que la société reconnaisse son crime, celui d'être restée sourde à l'immense profondeur que l'artiste irradiait grâce à son œuvre, ne lui renvoyant que rejet et internement comme issue à la vérité et à la force de son cri. Pour Artaud, la société n'était pas digne d'un tel héritage. Il étrilla les bourgeois et plus encore, ses ennemis les psychiatres, responsables et coupables à ses yeux de son drame, comme de celui de Vincent, à cause de l'internement.

En 1947, au sortir d'une exposition des œuvres de Van Gogh, Artaud écrit d'un trait son pamphlet *Van Gogh le suicidé de la société,* un texte enflammé, un parti pris poétique qui fait l'éloge du génie incompris, une ode à la victime d'un monde pervers. Il assène sa violente diatribe contre la société. Mais surtout, témoignage précieux, il porte un regard sensible sur une œuvre qui, pour lui, sublime les contingences de la condition humaine :

> « Car ce n'est pas un certain conformisme de mœurs que la peinture de Van Gogh attaque, mais celui même des institutions. Et même la nature extérieure, avec ses climats, ses marées et ses tempêtes d'équinoxe ne peut plus, après le passage de Van Gogh sur terre, garder la même gravitation[84]. »
>
> « Car un aliéné est aussi un homme que la société n'a pas voulu entendre et qu'elle a voulu empêcher d'émettre d'insupportables vérités[85]. »
>
> « Et il avait raison Van Gogh, on peut vivre pour l'infini, ne se satisfaire que d'infini, il y a assez d'infini sur la terre et dans les sphères pour rassasier mille grands génies, et si Van Gogh n'a pas pu combler son désir d'en irradier sa vie entière, c'est que la société le lui a interdit[86]. »

Entre le 21 mai 1890 et le 29 juillet 1890, Van Gogh vit soixante-dix jours de création intense à Auvers-sur-Oise

---

84. Antonin Artaud, *Œuvres, op. cit.,* p. 1440.
85. *Id., ibid.,* p. 1441.
86. *Id., ibid.,* p. 1461.

avant de se suicider à l'âge de 37 ans. Il y réalise quatre-vingts tableaux parmi les plus puissants, les plus étranges de sa courte histoire de peintre. Alors pourquoi Vincent en est-il arrivé à l'acte définitif du suicide alors qu'aux yeux de tous, il vivait enfin une liberté retrouvée après un an passé à l'asile psychiatrique de Saint-Paul-de-Mausole ? Quelle frénésie créatrice pour peindre ainsi plus d'une toile par jour, et pas des moindres : de la couleur, intense, du geste, vif et précis, du mouvement qui transforme la surface de la toile en présence habitée, de la soif de tout embrasser, les paysages, les architectures précaires, la lumière sombre ou irradiante, les espaces ouverts ou oppressants, la flore végétale, l'évocation d'un paysage paysan avec ses personnages au travail, les portraits, dont ceux, mélancoliques, du docteur Gachet, mais aussi de fillettes, de paysannes et de la belle Adeline Ravoux, fille de ses logeurs.

Mais deux tableaux fascinants, très puissants, tels des autoportraits profondément incarnés, dominent : *L'Église d'Auvers-sur-Oise, vue du chevet*, peint peu après son arrivée à Auvers-sur-Oise ; et *Champ de blé aux corbeaux*, peint quelques jours avant sa mort. Atteint-il alors, comme le prétend Artaud, l'œuvre ultime ? On ne peut qu'en faire l'hypothèse mais il est sûr que Vincent Van Gogh était alors au faîte de son art. Astre au zénith ou bien chute d'Icare qui risque un choc audacieux entre les couleurs, s'est-il brûlé les ailes ? Possible car il a cherché tout en la redoutant, la lumière révélée du monde et des êtres, la clarté éblouissante d'une nature qu'il interprétait ou, plutôt, qu'il sublimait comme peuvent le faire certains rêves qui touchent à l'essence de la sensation. Van Gogh est à la recherche d'une beauté éternelle insaisissable :

> « Je voudrais peindre des hommes ou des femmes avec ce je-ne-sais-quoi d'éternel dont autrefois le nimbe était le symbole et que nous cherchons par le rayonnement même, par la vibration de nos colorations... Exprimer l'amour de deux amoureux par un mariage de deux complémentaires, leur mélange et leurs oppositions, les vibrations mystérieuses des tons rapprochés. Exprimer la pensée d'un front par le rayonnement d'un ton clair sur un fond sombre[87]. »

L'Église d'Auvers contraste avec les tableaux peints durant son premier mois passé à Auvers-sur-Oise. Plus question de compositions champêtres, propices à transfigurer un lieu de vie accueillant, avec un goût de la liberté retrouvée. Van Gogh veut transformer la petite église en une structure monumentale peinte en contre-plongée, dans une atmosphère pesante, densifiée par un ciel de nuit profond et tourmenté, celui qui l'habite, et habite depuis ses débuts, son œuvre mélancolique. L'église semble nous regarder à travers ses baies du même bleu noir que le ciel. Elle nous écrase et crée un malaise profond, telle la figure divine face au pauvre pêcheur. L'horloge ne marque pas le temps, elle est posée là comme une auréole. En bas du tableau,

---

87. Lettre à Théo (531F), 3 septembre 1888, *in* Vincent Van Gogh, *Correspondance générale, I, II et III*, Biblos, Gallimard, Paris, 1990, *loc. cit.*, III, p. 276.

à la croisée des chemins, une humble femme contourne le monument et son ombre menaçante. Van Gogh est l'humble serviteur dominé, écrasé, et aussi, me semble-t-il, il apparaît incarné dans l'austère figure qui domine le monde avec « l'aspect d'éternel » qu'il a toujours recherché, tant dans ses engagements spirituels que dans sa peinture et ses relations dans tous les domaines. Il y a fait preuve d'une exigence souvent tyrannique. C'est ce paradoxe de Vincent Van Gogh qui est transfiguré dans ce tableau très impressionnant.

Champ de blé aux corbeaux : ce tableau a tant fait couler d'encre, avec l'hypothèse, vite contredite, qu'il s'agissait du dernier tableau avant que le sang du peintre coule de son cœur blessé par le coup de feu fatal, et qu'il revienne mourir dans son lit. Il réitéra ainsi l'effraction de son corps qui le vida de son sang quand il se coupa le lobe de l'oreille à Arles, puis s'allongea sur son lit d'agonie. Considérée comme son testament et l'acmé de son art, cette toile justifie pleinement sa place symbolique dans la vie et l'œuvre de Van Gogh. Sa composition dans un grand format panoramique, le choc entre la clarté éblouissante du champ de blé et le noir violacé d'un ciel d'orage, un ciel bas, tourmenté, écrasant, qui menace même les corbeaux noirs qui semblent fuir, effarés. La convergence des chemins vers un point central, focus ouvrant un espace immense tout en le refermant comme un coup de poing dans la poitrine. Cet espace nous invite à l'horizon, pour aussitôt nous repousser hors-champ. Vincent est juste là, au point focal et au carrefour nodal, animé comme toujours, mais plus encore, d'une violence mélancolique et douloureuse. Il semble fasciné par la lumière qu'il fait intensément vibrer dans l'immensité du champ de blé. Sa lutte devient désespérée, le ciel de plomb l'écrase. Mon hypothèse est que Vincent Van Gogh s'est transfiguré dans ce tableau qui constitue un véritable autoportrait de son espace psychique, à la fois en expansion lumineuse et dans une détresse noire. Il est arrivé au bout et n'a plus qu'une solution : se résigner, accepter que le monde et les autres, même Théo, ne lui donnent pas l'immense amour qu'il attend. Il l'avait confié à son frère :

> « Il m'arrive souvent d'être mélancolique, susceptible et intraitable ; de soupirer après de la sympathie comme si j'en avais faim et soif ; de me montrer indifférent et méchant lorsqu'on me refuse cette sympathie, et même de verser parfois de l'huile sur le feu[88]. »

Exigence, effort jusqu'à l'épuisement, appel impérieux, depuis son enfance, son énorme correspondance en atteste, Vincent Van Gogh a dû tracer sa voie à coups de pinceau dans la jungle de plus en plus obscure et menaçante de son être en souffrance. Il croyait trouver la lumière à Arles, puis à Auvers-sur-Oise, mais tout s'obscurcit à nouveau le soir du 27 juillet 1890 face au champ de blé lumineux. Il a beau peindre la lumière, le noir l'habite jusqu'à commettre l'acte suicidaire, manifestement prémédité. Là encore, les hypothèses vont

---

88. Lettre à Théo (212 N), 6 juillet 1882, *in* Vincent Van Gogh, *Correspondance générale, I, II et III*, Biblos, Gallimard, Paris, 1990, *loc. cit.*, II, p. 620.

La folie de l'artiste

bon train, jusqu'à la fiction d'un accident ou d'un meurtre. Certes, on aimerait penser qu'il voulait juste tirer un coup de feu pour déranger les corbeaux et revoir encore une fois leur vol d'oiseaux de mauvais augure. Mais on sait qu'il n'en est rien, qu'il était rejoint par la folie, et se sentait quitté par les siens. On sait que ce n'était pas la première tentative de suicide et qu'après avoir coupé son oreille, il avait réitéré de tels actes autodestructeurs au décours de son hospitalisation à Saint-Rémy-de-Provence.

Autrement intéressantes sont les hypothèses face à ce paradoxe : plus Vincent saisissait le mouvement de la vie, et cet « aspect d'éternel » qui l'obsédait, plus il semblait creuser son mal-être et accroissait son exigence. Cette souffrance lui était-elle indispensable pour s'exprimer en peinture ? Ce qui s'est joué à Arles et à Auvers-sur-Oise en atteste. Plus il approchait l'« aspect d'éternel », plus il s'éloignait du monde des humains. C'est ce paradoxe tranchant qui le rendait impossible à vivre, comme en témoignaient ceux qui le côtoyaient. En cette fin de juillet 1890, il a probablement compris l'inanité de sa quête, accentuée par l'évolution chaotique de sa relation exclusive avec son frère Théo. Tout lui échappait, et la peinture ne pouvait plus répondre à cet appel pour exister qui pourrait résumer sa vie.

À moins que... là encore, il faut se ranger humblement derrière des hypothèses, sachant que toute certitude ne serait que prétention, d'autant que ces théories se complètent :

Une version esthétique, séduisante, serait que Van Gogh ait atteint la vérité en peinture, qu'il soit parvenu à cet « aspect d'éternel », à l'universalité de son message d'amour. Alors, le suicide viendrait là pour fixer à l'infini ce point d'orgue d'une beauté pure et apaisée.

La version christique est tout aussi séduisante, d'autant que le parcours de vie de Vincent Van Gogh peut fort bien l'étayer. Son engagement extrême dans la peinture a fait suite à un engagement tout aussi passionné dans la délivrance d'un message spirituel auprès des pauvres gens, paysans et mineurs. Van Gogh s'est-il voulu l'intercesseur, celui qui délivre un message d'amour et de vérité, jusqu'à exiger de convaincre par la mise en acte de son dénuement et la pureté indomptable de sa parole ? Mais ce missionnaire de l'extrême n'a reçu en retour que rejet, effarement et mise au ban, y compris par sa famille. C'est aussi ce qu'il a vécu dans ses empressements passionnés pour des femmes qui l'ont fui et s'en sont protégées. Alors, il tombe, se relève, tombe encore jusqu'à ce que son chemin de croix, son sacrifice à la cause spirituelle, puis à la peinture, le conduise à rejoindre, près d'un père, d'un Dieu, son frère aîné mort tout juste un an avant sa naissance. Celui-ci fut également prénommé Vincent et sa présence-absence mortifère l'a hanté sa vie durant. Le suicide porte Vincent au rang de martyr, incompris par son père, ses pairs, et la société qui l'a suicidé, comme l'écrivit Artaud.

La version mélancolique est plus que probable ; complémentaire, elle est moins attractive. Ce n'est pas de mélancolie romantique dont il s'agit, mais d'une souffrance indéfinissable et dévastatrice qu'il parvenait parfois à tamponner grâce à l'expression et à l'engagement en peinture. Mais cela nécessitait de sa part une frénésie créatrice qui l'a conduit jusqu'à l'épuisement, aggravé par l'insatisfaction quasi constante face à ses toiles et le besoin d'éponger une dette incommensurable à l'égard de son frère Théo :

> « Ce n'est que trop vrai qu'une multitude de peintres deviennent aliénés – c'est une vie qui vous rend, et c'est un euphémisme, étranger au monde. C'est une bonne chose quand je me remets à fond à mon travail, mais je resterai toujours à moitié tordu[89]. »
>
> « Je sens moi jusqu'à en être écrasé moralement et vidé physiquement le besoin de produire, justement parce que je n'ai en somme aucun autre moyen de jamais rentrer dans nos dépenses. Je n'y puis rien que mes tableaux ne se vendent pas[90]. »

La version peu glorieuse, mais attestée par lui-même, par son entourage et les médecins qui l'ont rencontré, c'est la classique résurgence d'une folie cyclique très pénible qui, quand il ne parvenait pas à la transfigurer dans sa création et à la maîtriser par sa création, associait des hallucinations, une angoisse et une profonde dépression associée à des idées suicidaires obsédantes. À quoi il faudrait ajouter sa consommation excessive d'absinthe, toxique responsable de lésions neuropsychiques invalidantes, d'autant plus qu'as-sociée aux solvants de sa peinture. Toute sa vie, Van Gogh a

---

89. Cité dans *Vincent Van Gogh – Vision et réalité*, Éditions Taschen, Cologne (Allemagne), 1993, p. 65.
90. Lettre à Théo (557F), 23 octobre 1888, *in* Vincent Van Gogh, *Correspondance générale, I, II et III*, Biblos, Gallimard, Paris, 1990, *loc. cit.*, III, p. 383.

lutté au bord de ce gouffre, grâce à son énergie créatrice et à sa production frénétique qui tempérait son mal-être, mais qui est devenue la source d'un mal tout aussi tragique. Plus il avait la volonté d'atteindre la forme suprême, parfaite, dans l'excitation de la rendre en peinture, plus il s'approchait du péril d'un précipice sans garde-fou.

Toutes ces versions se croisent et se rejoignent selon deux axes de compréhension. Avec Vincent Van Gogh, il est possible de saisir la bascule possible entre création et « folie », car l'homme et l'artiste semblent en permanence sur le tranchant, ou sur la crête entre, d'un côté, créer, sublimer son mal, se créer, voire se faire exister et se faire naître, et de l'autre côté, une déstructuration, un ravage, dans un contexte d'autodestruction et de constat désespéré de son impossibilité à exister.

Le côté vital et créatif relève, pour Van Gogh, d'une alchimie réussie à travers un moment pathique[91] entre perception et création. Van Gogh est en quête permanente de ce moment pathique. Pourquoi ? C'est à la fois une présence à soi, à l'intimité de ses perceptions et vibrations sensibles internes, et une ouverture à ce qui est « hors de soi », à des vibrations extérieures qui le sollicitent et exacerbent sa capacité perceptive. Cette présence au monde rendue entièrement disponible, lui permet de donner forme tout en épousant la forme que lui offre le monde invisible, au plus près du réel, car en partie libéré des représentations préformées en soi.

---

91. Henri Maldiney, *Regard, parole, espace*, L'Âge d'Homme, Lausanne, 1973.

Van Gogh s'en approche grâce à son expérience subjective du monde qui l'entoure dans son lien avec ses perceptions les plus intimes. Ce côté vital, Van Gogh l'a atteint jusqu'à le sublimer, et nous en offrir sa perception unique, par sa « haute note jaune », son « aspect d'éternel », par son rendu pictural du mouvement de la vie, du ciel et du monde environnant, au plus près de ses pulsations.

Peut-on vivre intensément ce moment pathique, et en sortir indemne ? Van Gogh a-t-il touché là, compte tenu de l'intensité de ses perceptions sensibles, l'extrémité génératrice d'effroi mêlé d'une jouissance. C'est autant la terreur de s'approcher du plus intime que l'effroi d'éprouver la vibration la plus intense du monde. La dimension pathique s'impose alors comme un violent coup de poing. L'artiste atteint la béatitude tout en étant au tapis. Le suicide s'inscrit-il à ce point extrême de clairvoyance qui provoque un chaos en soi ?

De l'autre côté, celui du ravage, de l'autodestruction, c'est pour Van Gogh, l'échec de sa tentative de s'unifier, de se rassembler, de donner sens à son existence à travers son projet de peintre, comme ce fut un échec à travers son engagement spirituel. Dans la solitude et le dénuement qu'il vit à Auvers-sur-Oise, comme il l'a vécu à Arles, à Paris et partout où il a tenté sa chance, Van Gogh est à chaque fois renvoyé à l'inanité, à la vacuité de son être et de sa tentative pour vivre malgré le poids de son histoire. Plus il parvient à donner forme, à se donner forme, à s'approcher d'une vérité en peinture, celle de représenter l'invisibilité du monde, plus il se rend à l'évidence de l'impossibilité à vivre, chaque

Dans le piège de la folie : la chute

fois repoussé dans la souffrance mélancolique. L'injonction suicidaire s'est-elle imposée à lui comme le coup de pied de l'âne qui le met à terre. La mort l'a pris en traître mais il savait probablement que cela devait arriver. Il avait ressenti le retour de la folie, l'avait écrit à son frère, et l'on sait qu'il y avait eu bien d'autres tentatives de se détruire.

La résurgence de la mélancolie et de la folie qu'il redoutait, fut pour Van Gogh un retour dans la mort. Son équation psychique se formule ainsi : la catastrophe a déjà eu lieu, elle est une donnée centrale de sa vie sous forme de ce qui se nomme une agonie primitive[92]. Si la catastrophe a déjà eu lieu, Vincent a côtoyé la mort dès sa naissance, peut-être même dès la conception. L'agonie est l'impasse d'une lutte épuisante entre la vie et la mort, dont la blessure ne se referme jamais. Sa vie durant, Vincent a lutté pour parer à la résurgence de la catastrophe, tel un promeneur qui veut s'éloigner du bord du précipice qui l'appelle, sur un étroit sentier escarpé qui ne lui laisse que peu de chance de ne pas tomber, surtout si, happé par l'angoisse, il s'agite en tous sens pour ne pas tomber.

L'inconnue de l'équation, celle que Vincent n'a jamais évoquée dans sa correspondance, c'est, au fond de lui, de n'être qu'une ombre, d'être né en prenant la place d'un mort qui fut pleuré. Comment a-t-il été regardé ? Comment a-t-il été porté ? A-t-il été aimé ? C'est cela le poids de l'histoire et c'est probablement là que se situe son agonie primitive. Pour

---

92. Donald W. Winnicott, « La crainte de l'effondrement », in *Figures du Vide, Nouvelle Revue de Psychanalyse*, n° 11, Gallimard, Paris, 1975.

le reste de l'équation, il s'agit de tout ce qu'il a tenté de mettre en œuvre pour parer à la détresse, à sa chute, à l'épreuve du néant. C'est son engagement humain et spirituel auprès des pauvres, c'est sa fougue insensée pour des femmes inaccessibles, ce sont les quelques années intenses, passionnées, qu'il voue à la peinture. Arrivé à Auvers-sur-Oise, Vincent, qui n'est plus protégé par l'environnement asilaire, s'épuise à nouveau dans sa quête à travers la peinture. De plus, dépendant de Théo, qui s'occupe de son fils, prénommé Vincent, et de sa femme, Van Gogh se sent abandonné. Il est immensément seul. Alors, sa force créatrice ne suffit plus à combler le trou béant du néant de son être dans lequel il tombe.

C'est à ce point-là que coexistent les deux côtés du tranchant, entre jouissance et détresse. Van Gogh semble atteindre la crête de sa montagne escarpée, celle du sommet de son art, au moment où il commence à être reconnu. Il semble être écrasé par ce poids, comme dans le *Champ de blé aux corbeaux*, entre la lumière qu'il crée et la punition du ciel, qui ne permettra jamais son envol. Jouir d'atteindre ce sommet, son « aspect d'éternel », semble être une transgression insoutenable pour Van Gogh, qu'on le considère du côté de l'artiste en surhomme ou de la suprême mélancolie. Comme tous ceux qui connaissent une agonie primitive dans leur existence, souvent liée à des traumatismes précoces, chaque situation qui fait exister, peut aussitôt mettre en péril. Il s'avère dangereux pour eux, de recueillir enfin les fruits de leur quête pour exister. C'est comme si, de s'exposer à la vie et aux autres, de commencer à être aimé, à être reconnu, provoquait un reflux, comme une lame de fond charriant les pertes et les fracas de leur existence. Vincent l'évoque à plusieurs reprises dans sa correspondance, plus encore embarrassé par le succès, qu'il n'a jamais connu, que par l'échec, son ennemi intime. Il l'écrit à sa mère après un article élogieux paru sur sa peinture :

> « Quand j'ai appris que mes œuvres avaient eu un peu de succès et que j'ai lu l'article en question, j'ai craint immédiatement que cela ne me décourage. Il en va presque toujours ainsi dans la vie du peintre ; le succès est ce qu'il a de pire[93]. »

Cette contradiction paraît incompréhensible pour le commun des mortels. Pourquoi, alors qu'il est en quête d'une reconnaissance artistique, rejette-t-il celle-ci quand elle débute ? Est-ce le besoin de se sentir toujours incompris, ou bien cette ébauche de reconnaissance l'épouvante, comme une incongruité dans sa vie de pauvre hère ? Pour le comprendre, il nous faut revenir deux ans avant son suicide, au moment de sa joute arlésienne avec Paul Gauguin, puis de son hospitalisation, à sa demande, à l'asile Saint-Paul-de-Mausole.

Van Gogh découvre Arles sous la neige en février 1888, sous une lumière blanche d'hiver. Il est seul, dans une sorte d'exil, avec l'espoir d'une révélation picturale. Le printemps arrive ; il illumine ses toiles de vergers en fleurs d'une lumière

---

93. Lettre à sa mère et à sa sœur, post-scriptum (629aN), mai 1890, *in* Vincent Van Gogh, *Correspondance générale, I, II et III*, Biblos, Gallimard, Paris, 1990, *loc. cit.*, III, p. 668.

japonisante. Pour les Arlésiens très méfiants, il est l'étranger, l'olibrius. Vincent caresse alors le rêve de fonder un « atelier du Midi », dont sa révélation serait le point de rencontre et de recherche. Il use alors d'un stratagème efficace auprès de son frère et financeur Théo pour faire venir Paul Gauguin, dépendant lui aussi des subsides de Théo. Vincent attend avec impatience celui qu'il admire et dont il attend qu'il admire lui aussi la voie nouvelle qu'il explore à Arles. Il peint avec fougue, sans ménagement, en continu, ce qui dérangera beaucoup Gauguin. Celui-ci reçoit de Vincent, en hommage et préambule à sa venue, un autoportrait austère, avec un regard lointain, empreint de méditation et d'un dénuement monastique. Présage et paradoxe, car dans le même temps, Vincent prépare à celui qu'il voudrait son frère, une chambre accueillante, où trône un tableau d'iris culminant dans les hauts jaunes lumineux.

Quand Gauguin arrive, l'attente de Vincent est à ce point extrême qu'il le laisse à peine respirer. Il lui impose un rythme frénétique, insoutenable. Gauguin va, pendant deux mois, tenter et réussir à imposer sa palette et son rythme. La tension entre les deux peintres transforme progressivement la joute en duel jusqu'au fameux épisode de l'oreille coupée après une dispute violente et la décision de Gauguin de fuir ce huis clos insupportable. Ces deux mois de création intense, tant pour Gauguin que pour Van Gogh, représentent dans l'histoire de l'art, le summum de la recherche et du génie artistiques. À eux deux, ils ont concrétisé un atelier du Midi, brillant comme une étoile filante, par l'émulation et le syncrétisme de leurs deux styles, pourtant très différents. Au-delà de la prouesse et des

Dans le piège de la folie : la chute

œuvres magistrales qu'ils ont produites, les deux peintres, chacun à sa façon, ont conduit leur rencontre et leur travail sur cette crête dangereuse, entre révélation et effondrement. Si Gauguin, loin des préoccupations vitales de son comparse, a fui juste à temps pour se préserver, Van Gogh n'a pu se remettre de cet abandon. Le 23 décembre 1888, ne pouvant rattraper Gauguin, Vincent se tranche l'oreille, la remet à une prostituée qu'il affectionne, puis va agoniser dans son lit, baignant dans son sang. Son « frère » en peinture le rejetait, après lui avoir asséné le coup de grâce en s'imposant par la puissance et l'originalité de son style et de son imaginaire créatif. Vincent espérait au plus profond exister avec lui, et même se faire naître sous le regard de Paul. Il voulait le convaincre et le séduire de force par son effort, ses prouesses, son traitement pictural de la lumière. Il voulait conquérir la reconnaissance de son identité pleine et entière à travers la peinture, ce que Gauguin lui a refusé. Van Gogh en est mort une première fois, avant d'être interné à plusieurs reprises à Arles dans un contexte de déstructuration psychique et de folie de persécution, puis de demander lui-même à vivre en milieu protégé, à l'asile Saint-Paul-de-Mausole, à Saint-Rémy-de-Provence. Même s'il connaît une période très sombre durant l'année 1889, avec la répétition de phases confusionnelles, délirantes, mélancoliques et de passages à l'acte suicidaires, sa correspondance et les certificats médicaux en attestent, il ne cesse pas de peindre, plus ou moins apaisé par la présence contenante du lieu et de son personnel.

Deux tableaux, parmi les chefs-d'œuvre de cette période, permettent de comprendre que, même s'il est au plus fort de sa souffrance psychique, il reste sur la crête lumineuse de sa quête. Il ne cède rien, comme en témoigne son *Autoportrait à l'oreille bandée* de janvier 1889. On pourrait s'attendre à y voir un homme défait, mélancolique et confus. Or, il n'en est rien. On y perçoit la détermination, l'intériorité méditative qui montre que Vincent a incorporé la « peinture intérieure » de Gauguin. On y perçoit même l'esquisse d'un sourire intérieur rehaussé par la haute note jaune d'un visage lointain et apaisé. Rien d'inquiétant, le bandage vient même rehausser la force de la présence. Si Van Gogh est habité, ce n'est certes pas que par la folie. Il prouve ainsi que peuvent cohabiter, et même s'exacerber mutuellement, la pointe aiguisée de la folie et celle de sa quête d'aspect d'éternel. Il semble même que cet autoportrait sublime cette arête vive. Le spectateur peut vivre une expérience pathique en plongeant dans cet autoportrait qui ouvre sur sa propre intériorité. Il nous place à la jonction entre la mélancolie et la détermination à ne rien lâcher du désir.

L'autre tableau, *Nuit étoilée*, peint en juin 1889 à Saint-Rémy-de-Provencc, nous invite à éprouver l'univers tumultueux de Van Gogh. C'est un tableau cosmique où le tourbillon, qui signe le style du peintre, est porté à son comble, car il mêle la densité infinie du ciel avec la source de lumière dont on ressent l'intensité éblouissante. Le village, plongé dans une obscurité tout juste éclairée de présence humaine, est dominé par un immense cyprès, une présence noire et majestueuse. Si on perçoit d'abord le tourment, il serait réducteur de le limiter au tourment psychique de Van Gogh. La composition nous regarde et nous plonge aussi dans la question essentielle de notre présence minuscule dans un univers stellaire aspirant. C'est autant une œuvre philosophique que mélancolique. C'est pourquoi le tourment de Van Gogh dérange et nous fait ressentir une émotion aussi intense que *Le Cri* d'Edvard Munch. *Nuit étoilée* captive et engage tout autant à la méditation.

Si on poursuit le débat engagé par Antonin Artaud sur la psychiatrie carcérale qui éteint la création ou « redresse la poésie », on peut parler de contention pour Van Gogh, mais au sens de contenir l'être éclaté dont le délire et les hallucinations ne lui permettent plus de soutenir son existence dans le monde social. Certes, le rejet par la population n'a pas facilité l'existence de Vincent qui était rejeté car invivable, mais il a lui-même fait appel pour être hospitalisé en milieu protégé. Il a en quelque sorte, eu la chance que cet asile de campagne, à taille humaine, soit dirigé par un médecin attentif, tant à la souffrance de Vincent qu'à son besoin de liberté et d'espace naturel ouvert à la peinture. D'être protégé et compris a permis un apaisement progressif des troubles même si quatre crises délirantes et suicidaires ont émaillé l'hospitalisation. Van Gogh a parcouru les paysages harmonieux autour de l'asile et a réalisé, là encore, de nombreuses toiles, cent cinquante toiles entre paysages, portraits et autoportraits en un an, sans compter les nombreux dessins. Il a créé tout en développant un dialogue pictural avec les peintres classiques qu'il affectionnait, sans même s'interrompre lors des phases de persécution délirante. Par contre, son activité créatrice se stérilisait, comme c'est généralement le cas, lors des crises autodestructrices qui le terrassaient pendant plusieurs semaines :

> « Je laboure comme un vrai possédé, j'ai une fureur sourde de travail plus que jamais. Et je crois que ça contribuera à me guérir... Ma triste maladie me fait travailler avec une fureur sourde, très lentement, mais du matin au soir sans lâcher, et – c'est probablement là le secret – travailler longuement et lentement[94]. »

Lorsqu'il quitte l'asile de Saint-Paul-de-Mausole fin mai 1890, Van Gogh se sent apaisé, même s'il exprime une certaine inquiétude à quitter ce milieu protégé. Il perd un accompagnement qui l'a sécurisé et soigné mais il reste fragile, et ce n'est pas l'inconstance du docteur Gachet, ni l'attention distraite des aubergistes Ravoux qui peuvent le sécuriser et répondre à son besoin d'interlocuteurs contenants lors de ses brusques phases de crise. Comprendre son suicide à Auvers-sur-Oise suppose de comprendre la mise en danger permanente de Van Gogh dans sa création. Il est entièrement ouvert, donc exposé à ses perceptions intérieures comme à celles du monde, dans la sensation pathique qui le traverse tout en lui permettant de transcrire ses vibrations sensibles. Dans ces conditions, l'unité précaire de l'être risque à tout moment de voler en éclats. Si sa mise en péril, qui est aussi exacerbation créative, ne

---

94. Lettre à Théo, septembre 1889 (604F), *in* Vincent Van Gogh, *Correspondance générale, I, II et III*, Biblos, Gallimard, Paris, 1990, *loc. cit.*, III, p. 555.

Dans le piège de la folie : la chute

trouve nulle part de protection, les perceptions deviennent menaçantes, persécutives, jusqu'à l'obliger à se détruire, à se défenestrer, à avaler ses tubes de peinture, à se trancher l'oreille, puis se loger une balle dans la poitrine, le cœur blessé, atomisé et disséminé.

Camille Claudel, l'agonie d'une créatrice

Trop de discours, trop de certitudes idéologiques, trop de narrations fictionnelles ont forgé un mythe tenace autour de Camille Claudel. Au point qu'aujourd'hui, cela ne permet plus de percevoir la réalité complexe des liens tissés entre son œuvre, l'intimité de son processus de création, son inscription dans l'histoire de l'art moderne et des femmes artistes. Donc, comme pour Artaud et Van Gogh, il est nécessaire de déconstruire le mythe pour approcher au plus près Camille Claudel et sa créativité passionnée autant que passionnante.

Serait-elle aussi une « suicidée de la société » ? À l'aube du XXe siècle, Camille Claudel était une femme encore très ancrée dans le XIXe siècle par sa famille, son histoire et sa relative distance avec ses contemporains. Pourtant, rien qu'à elle seule, elle a révolutionné le monde masculin des sculpteurs académiques fascinés par la gloire antique et exaltant l'héroïsme monumental. L'audace de Camille Claudel lui a valu de tristes déboires et n'est pas étrangère à son internement en asile durant trente ans dans l'isolement total, sans sortie ni communication, et surtout sans espoir de libération.

Les aliénistes[95], malgré leur timide désaccord, ont malheureusement suivi à la lettre l'ordre péremptoire (et grassement rémunéré) de la mère qui interdit à Camille tout contact avec le monde extérieur. Mais cet ordre épouvantable ne faisait que renforcer l'ordre bienséant de l'époque, qu'une femme ne pouvait prétendre à la liberté et à la visibilité en empruntant une voie réservée à l'homme. Camille Claudel a transgressé cet ordre. Elle s'imposa jusqu'au désespoir, envers et contre ses détracteurs et ses juges, dont sa mère, la plus coriace d'entre eux. Bilan, des années de lutte pour sculpter en son nom, de création au forceps pour donner forme à son univers singulier, de douleur morale portée à l'extrême jusqu'à s'échouer dans la folie. Conclusion, l'internement à vie durant trente ans, dans une solitude profonde pour solde de tout compte, obligé de quémander un peu d'amour et d'attention, sans résultat :

> « On donne ici pour moi 150 F par mois et il faut voir comme je suis traitée, mes parents ne s'occupent pas de moi et ne répondent à mes plaintes que par le mutisme le plus complet, ainsi on fait de moi ce qu'on veut. C'est affreux d'être abandonnée de cette façon, je ne puis résister au chagrin qui m'accable[96]. »

---

95. L'aliéniste est l'ancêtre du psychiatre. Ne disposant d'aucun moyen thérapeutique efficace, il utilisait le « traitement moral », une technique empirique pour le moins barbare et violente.
96. Camille Claudel, lettre au Dr Michaux, 25 juin 1917, *Correspondance*, Gallimard, Paris, 2003, p. 282.

Impossible d'évoquer Camille Claudel sans l'associer aussitôt à Auguste Rodin, sculpteur prestigieux qui fut à la fois son maître et son initiateur. Mais est-ce réellement lui qui l'a façonnée ? Est-ce lui le criminel, l'homme à abattre comme l'a prétendu Camille et, à sa suite, les idéologues de la cause féministe ? Ce serait faire fi du passé créatif de Camille et d'autres enjeux de son issue tragique : la société corsetée du XIXe siècle, l'histoire familiale et la forte personnalité de Camille, l'épreuve épuisante de la sculpture, le traumatisme de l'avortement, la maltraitance du marché de l'art, l'acharnement et le rejet maternel...

Sur la foi de témoignages de visiteurs et de voisins de son appartement parisien, Camille était devenu l'aliénée pestilentielle, la sorcière qui, dans l'incurie, derrière ses volets clos, se prêtait à des pratiques macabres. Triste sort que d'incarner, elle aussi de son vivant et encore maintenant, l'artiste maudite. Certes, dès 1905, à l'âge de 40 ans, apparaissent les signes manifestes d'un délire de persécution centré sur Rodin, l'aimé déchu sur qui Camille Claudel reporte ses maux physiques, sociaux et financiers :

> « Le sieur La Fouine s'arrangeant toujours pour que je n'aie pas d'argent [...] vous ne connaissez pas le type à qui vous avez affaire, il se sert de vous sans que vous vous en doutiez[97]. »

---

97. Camille Claudel, lettre à Gustave Geffroy, mars 1905, *Correspondance*, *op. cit.*, p. 194.

Mais ce délire, de plus en plus envahissant, ne l'empêche pas de continuer à sculpter et à rester en contact avec ses commanditaires et le ministère des Beaux-Arts. Contrairement à ce qui a souvent été dit, elle est visible, exposée, achetée et reçoit des commandes d'État tandis que sa raison s'enlise dans la souffrance persécutive. Elle est, écrit-elle, « à bout de forces[98]. » Pourquoi est-elle à bout de forces, usée, laminée ? Elle ne se remet pas d'une blessure qui saigne et la vide de son énergie. Camille Claudel s'épuise à lutter contre une intrusion sournoise au plus profond de son intimité, celle de son amant persécuteur qui continue à fourrager dans une plaie qui ne s'est jamais refermée. Mais quelle plaie ? Celle d'un amour blessé puis déchu, oui, mais qui rouvre une blessure ancienne, celle de n'avoir pas été aimée ni portée par sa mère, elle-même amère d'avoir très tôt perdu sa mère, puis un premier garçon avant que de concevoir Camille. On ne peut pas comprendre la souffrance de Camille, puis l'amertume et la douleur de ses trente ans d'incarcération si on ne s'attarde pas aussi à la relation complexe et violente avec sa mère. Camille Claudel fut-elle avant tout tuée par une mère qui n'a pu l'aimer, qui l'a sacrifiée bien avant son exil à l'asile ? Mais alors, quels liens entre cette relation et celle tissée ensuite avec Auguste Rodin ?

Contempler les œuvres majeures de Camille Claudel, c'est accepter de ressentir son appel primordial, sa soif d'étreinte immense, entre fusion et abandon. C'est éprouver en soi la dramaturgie de son appel, de son espoir, de sa supplique.

---

98. Camille Claudel, *Correspondance, op. cit.*, p. 201.

Cette amoureuse, cette implorante passionnée, ne pourra jamais accepter de n'être que l'ombre de l'aimé, l'ombre portée de sa présence si imposante mais qui, à la fois, ne cesse de s'absenter, de la trahir, jusqu'à lui faire vivre la déchirure d'un abandon et d'une reviviscence de la mélancolie de son enfance. Sa détresse nous envahit comme elle a envahi l'artiste, la femme et, avant cela, la petite fille.

Enfant, Camille était, semble-t-il, intransigeante, d'un caractère ombrageux et tyrannique, mais il lui fallait bien conquérir une place et trouver par elle-même la dimension charnelle qui lui avait manqué, comme elle a manqué à son frère, l'écrivain Paul Claudel. Malaxer la glaise de ses doigts enfantins en quête de tendresse charnelle, donner forme et existence à des visages, relevait pour elle d'une préoccupation vitale, d'où le besoin impérieux de pétrir l'argile afin de lutter contre un destin chargé du fardeau de son histoire. Dès que Camille trouva le matériau adéquat et la voie créative pour éprouver, exprimer et représenter, elle y engagea une passion indomptable, sans jamais se ménager ni ménager les autres, et sans rien concéder. Or, la passion s'impose dans sa double face. Ces faces sont aussi inséparables que prêtes à s'engager dans un duel destructeur : fusion et rejet, amour et haine, plénitude et vide, défense inconditionnelle et persécution, parfois même jusqu'à la mort.

Et qui sa passion de donner forme croisa-t-elle ? Il n'y a pas de hasard, ce fut une sorte de double masculin bien que son aîné, Rodin, à qui elle fut affiliée dès le premier regard par Paul Dubois, le directeur de l'École des Beaux-Arts qui avait bien observé ses premières sculptures créées dès l'âge de 12 ans, alors qu'elle ne connaissait rien de Rodin.

À 18 ans, Camille prend ses premiers cours avec le maître Rodin, de vingt-quatre ans son aîné, cours qui la propulsent rapidement au rang de collaboratrice, au vu de son expérience et de ses qualités. Rodin fut aussitôt fasciné par la beauté de cette jeune femme et impressionné par sa force singulière en tant que sculpteur. S'il est facile de voir en Rodin le satyre lubrique, le prédateur d'élève et de modèle nubile, ce qu'il fut au demeurant, en témoigne la longue liste de ses conquêtes, l'histoire semble très différente avec Camille qui n'était pas une oie blanche prête à tout pour apprendre et satisfaire le maître adulé. Les archives témoignent plutôt du choc inouï de leur rencontre, de la proximité de leurs approches de la sculpture, à l'intersection sensible du trait de faille de leurs deux espaces de création, et donc de leurs deux êtres entiers et passionnés. Chacun d'eux confronta son art et son acte créatif à sa quête d'amour, mais aussi à sa conscience mélancolique.

Auguste Rodin avait perdu sa sœur avec laquelle il partageait une grande intimité. Après être passé un temps par le noviciat en quête d'apaisement, il s'était engagé à corps perdu dans la sculpture et les retrouvailles avec sa sœur à travers ses modèles et muses.

Camille Claudel était suspendue dans le vide abyssal du manque d'affection maternelle, et n'avait trouvé comme réponse vitale que l'intimité charnelle avec la terre qui lui donnait un corps chaleureux à force de la sculpter.

Dans le piège de la folie : la chute

Camille Claudel et Auguste Rodin se sont en quelque sorte re-trouvés, en témoignent les sculptures qu'ils ont créées comme en symbiose, dont le *Sakountala* de Camille Claudel, *L'Éternelle Idole* et *Le Baiser* d'un Rodin qui, porté par sa muse, semblait alors prêt à tout. Mais il ne quitta jamais sa femme, Rose Beuret, un port d'attache autrement plus sécurisant que sa folle passion pour sa muse, son alter ego, et que celle, exclusive de Camille Claudel. L'inspiration fusionnelle aurait pu conduire Rodin et Claudel à une double signature pour certaines de leurs œuvres, et pourtant, chacun y préserva son style, enrichi par le dialogue passionnel des formes et des corps.

Imaginons un instant que Rodin se soit interdit un passage à l'acte amoureux avec son élève, quel que soit l'appel de son désir comme de celui de Camille. Imaginons que ce désir intense et partagé se soit uniquement sublimé dans la création, que la chair fut tout entière exaltée dans l'expression sensuelle de leurs doigts qui modèlent les formes de la passion. Camille aurait alors pu dérouler son œuvre au xxe siècle, sous une forme différemment accomplie, sans l'obstacle perturbant, puis stérilisant de son délire de persécution centré sur la trahison du maître et amant Rodin. Son œuvre aurait évolué et serait entrée en dialogue avec celles, par exemple, de Germaine Richier, de Matisse ou de Picasso. La chasteté de la relation entre le maître et l'élève permet l'émancipation de celle-ci, dans sa capacité à se singulariser à travers sa propre expression, ce qui ne signifie pas dépasser le maître, ni le tuer. Transmettre son expérience et son savoir suppose de ne pas confondre initiation et aliénation, influence et possession, sinon il s'agit d'une emprise qui transforme l'élève en un objet assujetti sans autre issue que la répétition de la voie et la voix de son maître, ou la rébellion désespérée et meurtrière pour en finir avec l'aliénation. Pour Camille Claudel, connaissant son expérience préalable à la rencontre avec Rodin ainsi que ses qualités intrinsèques, une passion chaste lui aurait permis de se dépasser dans sa création artistique, imprégnée par la reconnaissance et le soutien du regard de Rodin. Le destin tragique de Camille Claudel est aussi inscrit dans l'impasse du passage à l'acte transgressif. Il est faux de déclarer, comme certains l'ont fait, que Camille Claudel n'aurait pas poussé à ce point la forme si Auguste Rodin n'avait pas été son amant, son mentor, avant de trahir leur attachement réciproque. Camille serait même allée beaucoup plus loin dans ses audaces créatives, étant donné ses qualités et sa créativité, nourrie dès l'enfance par ses représentations singulières et sa soif d'exprimer.

Camille Claudel crée *Sakountala* en 1888 au plus fort de la passion des amants, tandis que Rodin sculpte *Le Baiser*, une œuvre sensuelle mais dont l'enlacement amoureux ne s'écarte pas d'une sculpture conventionnelle. Le *Sakountala* de Camille Claudel entre vraiment dans l'intimité de l'enlacement. Son audace et sa fraîcheur d'expression nous invitent au plus près des amants qui ne sont pas simplement unis par un baiser. Chacun d'eux est emporté dans son propre mouvement, l'amante aux prises avec sa méditation tendre, l'amant à genoux et tendu dans l'enlacement désirant du faune impatient qui semble la supplier de l'aimer. On pourrait se contenter d'une telle lecture narrative, un piège

Dans le piège de la folie : la chute

dans lequel sont tombés certains critiques et biographes de Camille Claudel. Ce serait oublier que depuis dix ans déjà, Camille s'était entièrement consacrée à donner forme, à représenter un être, une forme en mouvement, à faire partager l'intimité de ses modèles. Elle ne cherchait pas à raconter sa vie ou ses sentiments même s'ils comptent dans son œuvre, mais à éreinter la forme jusqu'à l'exacerbation de son expression à travers son mouvement. Comment rendre le désir et la passion, en volume et en mouvement ? C'est exactement le motif et l'élan créatif de son art, dans le souci d'une esthétique des formes à partir du mouvement intime de l'être.

Très tôt, Camille Claudel saisit l'occasion unique d'expression créative qui s'offre à elle. Près du domicile familial, dans l'Aisne, elle forge son imaginaire créatif face aux rochers de Geyn, autrement nommés la Hottée du diable. C'est dire l'impression et le mouvement métamorphiques qui se dégagent de ces étranges et mystérieuses roches caverneuses. Elles invitent à s'y lover et ne sont pas sans évoquer les rochers de Giacometti qui y avait fondé son regard et sa quête de sculpteur à partir de leur étrangeté interrogative. L'imaginaire aime à se projeter dans ces formations étranges, à la fois accueillantes et monstrueuses. Même si on y entre, leur morphogénèse ne se laisse pas saisir. Heureux hasard, près de ces rochers de Geyn, il existe une carrière d'argile et un grand four à tuiles en état de fonctionnement[99] qui appar-

---

99. Jacques Cassar, *Dossier Camille Claudel*, préface de Jeanne Fayard, Librairie Séguier Archimbaud, Paris, 1987, p. 51.

tient au grand-père maternel. Quand la destinée et l'opportunité se lient au désir et à la soif d'exprimer, il suffit d'en saisir l'augure, ce que n'a pas manqué de faire Camille Claudel dès son plus jeune âge.

La Hottée du diable recèle les formes inquiétantes de sculptures primordiales dont le mystère incite à les transcrire en figures lisibles et domestiquées. L'imaginaire apprivoise l'étrangeté de la forme pour en apaiser la monstruosité. Camille doit affronter la rencontre de deux rocs : celui de la nature qui s'impose à elle, monumentale et insondable, celui de la matrice primordiale au cœur de son être d'enfant, aussi énigmatique, qui appelle, qui crie douloureusement. Ces rochers arrondis et caverneux ne sont pas que la mère inaccessible et désaffectée dont Camille et aussi Paul Claudel ont souffert. C'est aussi l'impénétrabilité du sens mystérieux de son existence. Fait-elle face à l'inaccessible en elle grâce à l'écho de la roche morpho-mimétique ? En tout cas, Camille éprouve alors le besoin de faire naître une forme. On n'est pas loin de penser qu'elle agit ainsi pour se donner une forme, pour se faire naître au sens affectif. Grâce à l'argile et au plâtre, elle délimite ensuite ses contours en sculptant ses proches dont son frère, un modèle docile. Elle prend consistance et transcrit le puissant mouvement de son désir affectif charnel. Elle aménage sa matrice primordiale qui déborde de sensations et d'émotions indicibles, de ce qui était jusque-là du registre d'une sidération traumatique de perceptions angoissantes et du vide affectif. Il est d'autant plus triste de penser que ces rochers de Geyn, trente ans plus tard, laissent place à une sorte de roche Tarpéienne du haut de laquelle Camille, réputée folle, sera brutalement précipitée par son internement violent, sur décision de sa mère. En fait, Camille Claudel est morte à 40 ans dans le cul-de-basse-fosse de l'asile, trente ans avant sa mort. « Les âpretés de roches en gésine[100] » des œuvres de Claudel disent à quel point l'enfantement empressé et minutieux de ses sculptures touche à la dimension primordiale de son être. Il lui faut sculpter pour résister, pour vivre, et même survivre. Plus tard, Camille s'échouera, se brisera contre le roc Rodin, faune trapu à la barbe sauvage qu'elle avait cru apprivoiser quand son amant lui signa un contrat, fin 1886, où il s'engageait :

> « Je ne tiendrai pour mon élève que Melle Camille Claudel et je la protégerai seule par tous les moyens que j'aurai à ma disposition [...] Après l'exposition au mois de mai nous partons pour l'Italie et y restons au moins six mois, commencement d'une liaison indissoluble après laquelle Melle Camille sera ma femme [...] Melle Camille s'engage à me recevoir à son atelier quatre fois par mois jusqu'au mois de mai[101]. »

En 1888, Camille dessine le portrait d'Auguste Rodin qui y apparaît comme un monument impénétrable. La même année, elle sculpte son superbe buste où le haut du visage

---

100. Charles-M. de La Roncière et Marie-Françoise Attard-Marininchi, *Georges Duby. L'art et l'image : une anthologie*, Éditions Parenthèses, Marseille, 2000, p. 140, cité *in* Thierry Delcourt, *Au risque de l'art*, L'Âge d'Homme, Lausanne, 2007, p. 211.
101. Lettre de Rodin à Camille Claudel, 12 octobre 1886, *in* Camille Claudel, *Correspondance, op. cit.*, p. 41.

exprime une attention tendre et lointaine tandis qu'une barbe foisonnante et sauvage se perd dans un socle rocailleux. C'est ce roc qui, peu de temps après, brisera son cœur et son ventre avorté, et qui lui volera, pense-t-elle avant même de perdre la raison, sa « chair d'âme[102] », sa matrice sensible intime à l'origine de sa création, au point qu'il lui faudra, quand les hallucinations et le délire s'imposeront, détruire impitoyablement ses œuvres. Ce n'est donc pas par hasard qu'elle est happée par le délire de persécution et l'angoisse d'être volée, de se faire dérober ses sculptures, sa signature et même son identité.

Imaginons qu'Auguste Rodin ait respecté le contrat et fait le choix de partager sa vie avec Camille. Imaginons qu'en plus de sculpter la belle *Petite Châtelaine* en 1893 au château de l'Islette, Camille ait donné naissance à un enfant plutôt que d'avorter dans la solitude… Il n'est pas inutile de spéculer sur cette hypothèse car la complicité, la complémentarité des deux sculpteurs aurait pu transcender la charge incestueuse de la confusion maître/amant. Camille aurait pu donner corps et chair à sa soif d'un amour passionné et fusionnel. Cette altérité lui aurait aussi permis d'asseoir, de préserver son identité et sa signature. Cela lui aurait évité l'envahissement du délire de persécution dont les interprétations n'étaient pas étrangères à sa réalité vécue, elle qui devait souvent s'effacer et subir les sinistres allégations de « faire

---

102. Expression de Michel Nedjar à propos des poupées qu'il crée, *in* Thierry Delcourt, *Créer pour vivre – vivre pour créer*, L'Âge d'Homme, Lausanne, 2013 et du même auteur, *Au risque de l'art, op. cit.*

Dans le piège de la folie : la chute

du Rodin » alors même qu'elle avait enrichi le style de son maître et amant.

Après avoir sculpté leur amour fusionnel dans *Le Baiser, Sakountala, L'Éternelle Idole, La Jeune Fille à la gerbe, Galatée* et autres sculptures en mouvement passionné, les amants ont partagé une valse bien plus tumultueuse, Rodin n'ayant renoncé ni à Rose, la compagne qu'il rencontra avant même que Camille soit née, ni à ses aventures multiples, y compris avec ses modèles. *La Valse* symbolise et signe à elle seule la magie de l'œuvre sculptée de Camille. Les amants sont enlacés dans la torsion d'un mouvement tendre et semblent prêts à s'envoler dans la valse. Le drapé magnifie la légèreté et l'intensité de leur fusion. Ce voile fut d'ailleurs ajouté à la demande de l'inspecteur des Beaux-Arts, choqué par la nudité des valseurs dans la première version. Sculptée en 1892, *La Valse* sublime l'emportement amoureux par son mouvement au bord du déséquilibre. La prouesse esthétique de Camille Claudel nous plonge dans la proximité et l'intimité d'un lâcher-prise de chacun dans les bras de l'autre. La valseuse s'abandonne, à la merci du partenaire, ce qui est classique en danse, et qui signe le statut précaire de la femme. S'il lâche, elle tombe, donc mieux vaut qu'elle ne s'abandonne pas trop. Mais à la fois, qu'il est doux de s'en remettre à la force d'un amant protecteur, ce qu'exprime aussi *La Valse.* Or, Camille n'était pas dupe, et si elle savait se laisser emporter par son désir, voire à s'emporter si on lui résistait, elle n'était pas femme à se laisser porter par l'autre, ni à lui faire confiance, à commencer par sa mère qui, tous les témoignages concordent, n'a pas manqué de la lâcher quand elle avait le plus besoin d'être portée, dans son enfance puis au pire moment de sa souffrance. *La Valse*, à peine créée, se conjugue déjà au passé des amants.

> « Ô temps ! Suspends ton vol, et vous, heures propices, suspendez votre cours ![103] »

Saisir, puis retenir l'intensité du temps vécu avec l'aimé, voilà la préoccupation légitime de Camille Claudel. Son œuvre relie fortement l'empreinte du temps et le mouvement qui trace le temps. Si *La Valse* immortalise ce mouvement en suspens des amants, leur rythme synchrone, Camille est déjà dans l'après coup de sa sculpture. L'année suivante, elle crée le *Torse de Clotho* qui, par sa gravité et son informité, signe le sceau implacable du temps. Ce torse désolé est aussitôt suivi d'une *Clotho* en pied où l'affaissement est aggravé par la chevelure dont la longueur et l'emmêlement indiquent le temps présent de la vieillesse. Un an après, c'est une étrange sculpture qui vient rompre avec la terrible *Clotho* : *Le Dieu envolé*, qui deviendra ensuite *L'Implorante*, et pour cause, car ce beau corps lisse, tendu, le ventre rond, implore son amant envolé tout autant que le temps qui fuit sans pouvoir le retenir, ni en saisir l'instant d'effusion. La chevelure a déjà trop poussé et commence à envelopper ce corps abandonné qui appelle vainement le temps perdu. Tout est prêt, et très probablement pensé délibérément par Camille Claudel,

---

103. Alphonse de Lamartine, « Le lac », in *Méditations poétiques*, 1820.

Dans le piège de la folie : la chute

pour donner vie en 1895 à une sculpture majeure de son œuvre : *L'Âge mûr*.

L'Âge mûr, un temps nommé *Le Chemin de la vie*, est une triangulation dramatique entre l'implorante à genoux qui tient la main de l'amant détournant son visage, et une *Clotho* narquoise qui le soutient mais l'emporte, victorieuse, vers son destin, celui d'une mort de la passion et une mort réelle. Dans la première version, l'amant est hésitant et partagé ; il n'a pas encore tout à fait lâché la fraîcheur de l'amour. On ne peut éviter de rapprocher cette œuvre pathétique de la rupture tragique entre les amants. Rodin a renoncé à la pure passion intemporelle qui suspend l'envol du temps. Si la narration expressive est incontestable, le mouvement de l'œuvre incarne aussi la mélancolie de l'existence. Cette mise en scène transcrit une représentation de l'inanité de la vie, celle de l'amant contraint à se résigner, celle de l'implorante, victime du temps fini et du destin implacable de l'abandon. Dans la version de 1898, Camille Claudel culmine dans sa maîtrise parfaite de l'expression. Le mouvement du temps est accentué par la réduction de l'implorante, à genoux, bras tendus dans le vide. L'amant mélancolique l'abandonne définitivement. C'est une figure tutélaire malfaisante de la mort qui le retient et l'emporte sans recours vers son destin tragique. Déjà en 1886, Camille avait écrit à Rodin, l'amant qui lui manquait tant : « Il y a toujours quelque chose d'absent qui me tourmente[104]. »

---

104. Lettre à Rodin, août 1886, *in* Camille Claudel, *Correspondance, op. cit.*, p. 27.

La folie de l'artiste

Cette absence est la signature intemporelle de la vie de Camille Claudel et va bien au-delà d'un simple appel de désir adressé à l'amant.

Ce mouvement, sculpté par Camille Claudel, d'un temps tristement étiré, presque figé et sans retour possible, nous replonge dans la nostalgie de la fusion et de l'enlacement intime. C'est ce qu'il lui a fallu quitter dans l'écartèlement progressif qui ouvre un espace déhiscent entre les amants, jusqu'à l'abandon et la perte irrémédiable. L'implorante, satellisée, se penche vers son amour idéal envolé. Mais sans espoir d'une main tendue, elle ne peut que chuter. Quoi de plus banal que la chute, les amants la vivent tous un jour. Mais pour Camille Claudel, la chute est fatale car plus rien ne la retient, d'autant que son seul soutien, son frère Paul, s'est lui-même envolé. Il s'est égaré dans la douleur amoureuse, puis l'enfermement religieux. *L'Âge mûr* est la porte d'entrée du déchirement délirant de Camille, tant cette souffrance de l'abandon est immense et très ancienne. Dans sa chute, Camille se blesse gravement. Elle s'abîme, déchirée, dans une mort psychique. En 1951, Paul Claudel écrit un texte pour l'exposition de Camille Claudel au musée Rodin. Évoquant *L'Âge mûr,* il y saisit la douleur de sa sœur :

> « Cette jeune fille nue, c'est ma sœur ! Ma sœur Camille. Implorante, humiliée, à genoux et nue ! Tout est fini ! C'est ça pour toujours qu'elle nous a laissé à regarder ! Et savez-vous ? Ce qui s'arrache à elle, en ce moment même, sous vos yeux, c'est son âme ! C'est

Dans le piège de la folie : la chute

tout à fois l'âme, le génie, la raison, la beauté, la vie, le nom lui-même[105]. »

La chute de Camille Claudel est d'autant plus dramatique qu'elle la projette violemment dans son douloureux passé infantile. Elle a pressenti et anticipé l'effondrement en prenant elle-même l'initiative de s'éloigner de Rodin, mais il était déjà trop tard pour restaurer des défenses efficaces. Pourquoi ? Les écrits de Paul Claudel, les archives, les documents et la correspondance de Camille depuis sa rencontre avec Rodin jusqu'aux bas-fonds de l'asile, permettent d'attester qu'elle a vécu une phase d'agonie primitive[106] dans les tout premiers mois de sa vie, et qu'elle a toujours appelé et espéré l'amour d'une mère tellement distante. Le seul moyen de survivre et, si possible, de vivre, fut pour Camille de mettre en place des protections plutôt solides pour parer au risque d'effondrement lorsque des circonstances similaires à ce qu'elle a vécu enfant, risquaient de se reproduire à d'autres moments de la vie. Camille a donc construit des défenses psychiques vindicatives pour éviter de souffrir. L'entourage est unanime à pointer son caractère tyrannique, moyen pour elle de maîtriser son manque affectif, en exigeant l'attachement de ses proches, plutôt que de les supplier. Sa créativité s'inscrit dans cette économie combative et constructive de ses défenses, mais pas seulement. Donner forme lui donne forme et permet à ses affects de prendre corps à travers la

---

105. Jacques Cassar, *Dossier Camille Claudel*, Annexe 11 : Paul Claudel, « Ma sœur Camille », *op. cit.*, p. 431.
106. Donald W. Winnicott, « La crainte de l'effondrement », art. cit.

« chair-terre » de ses sculptures. Ainsi, elle va réussir à infléchir son destin mélancolique en le transcendant dans l'expression sculptée. Ce n'est donc pas la rupture avec Rodin qui la détruit mais, avant cela, leur fusion passionnelle car elle accepte alors de lâcher prise, de s'y abandonner, donc de faire tomber des défenses qui jusque-là lui étaient indispensables pour résister, sculpter et ainsi, vivre en autonomie.

Tant que la fusion des amants et leur sublimation à travers la sculpture en duo bordent et masquent la faille et donc, leur précarité psychique, Camille peut toujours compter sur son énergie créatrice, sa puissance de travail et son inventivité qui lui permettent de se construire et de transcender sa passion mélancolique dans son art. Après *Sakountala,* l'éloignement devient un écartèlement dans *L'Âge mûr,* mais déjà *La Valse* laissait entrevoir la fêlure. L'ouverture devient une faille béante dans sa sculpture comme dans sa vie. Sous la faille, c'est le chaos qui surgit, chaos de tous les dangers puisqu'il la conduira à la folie.

La sculpture ne suffit plus à colmater la faillite de son existence. Pourquoi ? Cette faille, c'est la béance de son être qui laisse transparaître la matrice de ses sensations originaires et la confronte au néant primordial, celui d'une chute lors de l'enfantement, sa naissance, et plus tard, son avortement. Face à l'appel adressé à Rodin, resté sans réponse exclusive, Camille plonge à nouveau dans ce néant. Elle est dévastée, comme en témoignent ses lettres. Comment comprendre que ce qu'elle trouve alors pour tenter de reconstruire ses défenses est aussi ce qui la plonge dans l'incurie et les affres de son délire. C'est un enfantement monstrueux. Enfanter le

Dans le piège de la folie : la chute

chaos, cette expression prend tout son sens dans ce moment de bascule de la vie et de l'œuvre de Camille qui, plus tard, sera plongée dans l'obscur chaos.

Comment Camille Claudel aurait évolué si les tergiversations autour d'une commande de l'état pour sa sculpture *L'Âge mûr* avaient abouti à une concrétisation et non à un refus, ou plutôt à une absence de réponse, laissant l'artiste dans un sentiment de rejet, d'injustice et de persécution. Car Camille relie cela de façon projective avec le mal que lui voudrait Rodin. Une offre d'achat officiel de *L'Âge mûr* eût été une forme de reconnaissance de son appel, de sa souffrance et de la trahison de l'amant. À partir de là, nous aurions probablement assisté à un combat entre sculpteurs, avec la richesse de ce qui se serait créé en duel, après le duo amoureux. À la place, ce fut un délire de persécution contre celui qui, elle en était convaincue, faisait obstacle et lui refusait toute identité et visibilité, qui niait sa souffrance exprimée, qui l'avait abandonnée et ne reconnaissait pas son existence. L'écartèlement douloureux devint un déchirement, non pas entre deux êtres indivis, mais dans la chair de Camille, ne lui permettant pas de préserver son amour perdu dans une crypte enfouie au plus intime. Camille s'enferme dans sa prison-atelier, surveillée, dit-elle à qui veut l'entendre, par La Fouine, Le Sieur Rodin, La Bande à Rodin. Il l'espionne, lui vole ses idées, ses sculptures, sa signature, l'empoisonne car à ses yeux, elle n'aurait pas le droit de vivre et d'avoir une place dans le monde et dans le marché de l'art. Le persécuteur désigné par un renversement paranoïaque de l'amour, gardera la place centrale jusqu'à la mort de

Camille, tout comme ce fut le cas pour sa mère qu'ainsi, elle épargna. Auguste Rodin a payé pour ses fautes, et pour celles de la mère de Camille. Plus Rodin tentait d'aider celle qu'il a toujours aimée, bien maladroitement, plus cela exacerbait un délire de persécution fixé sur lui. Le délire a enfanté un monstre. Pour Camille, ce monstre, c'est Rodin, mais en réalité, c'est elle qui devient monstrueuse par son comportement incohérent, agressif, asocial, par sa destructivité à son égard, comme à l'égard de ce qu'elle crée. Sa tentative pour maîtriser et évacuer le traumatisme qui se répète, lui fait retour tel un boomerang. Son amant, celui qu'au fond elle aime et admire toujours, Rodin, incarne désormais l'infâme menace qui la met en péril.

Le déchirement affectif produit sa blessure qui ne cessera de saigner, tandis que du chaos émergent les fragments épars de son être dévasté, incapables de se rassembler, quand bien même Camille se replie sur elle. Or, ces fragments épars de sa chair d'âme relèvent d'un irreprésentable, de ce qu'elle ne peut plus transcrire dans la sculpture car son être n'a plus de structure, ne tient plus. Le tragique destin de ces fragments est d'être évacués et détruits tels des déchets dangereux, quitte à ce qu'ils fassent retour dans le psychisme sous forme de perceptions hallucinées. La seule voie possible est de créer une configuration délirante avec ces fragments monstrueux. C'est un des paradoxes du délire, il construit malgré tout. C'est moins mauvais que de se défenestrer ou de se pendre pour fuir l'angoisse térébrante.

Pourquoi et comment peut-on, comme l'a fait Camille Claudel, détruire la nuit ce qu'on a sculpté le jour puis procéder à de macabres enterrements des débris (si l'on fait crédit aux affirmations de son voisinage) ? Depuis son enfance, Camille vit et s'exprime tout entière à travers la sculpture. Elle est sa sculpture, sa souffrance est dans sa sculpture, son appel est dans sa sculpture. L'objet sculpté est donc un objet précieux. C'est encore un objet virtuel interne chargé des affects et des représentations intimes. Si Camille Claudel est convaincue dans son délire qu'on va tout lui prendre, « comment se protéger » est une question identique à « comment protéger ses sculptures ». Et comment mieux les protéger qu'en les gardant dans sa tête, pour soi, donc en les détruisant pour, entre autres, en priver les malfaisants : circulez, il n'y a rien à voir ! D'autant que les détruire soulage sa révolte contre la perte, la trahison et la mort. À maintes reprises, elle l'évoque dans sa correspondance : détruire pour calmer sa colère, détruire l'autre à travers ses œuvres, apaiser sa douleur face à la mort de proches en brisant ses plâtres, briser plutôt que de se briser, détruire pour ne pas risquer d'être dépossédée. L'atelier devient un véritable champ de bataille, un ossuaire de sculptures qu'elle piétine dans son désarroi et sa colère.

En 1905, Camille Claudel reçoit la commande d'un monument à la mémoire d'Auguste Blanqui. Elle hésite puis renonce à le réaliser car elle craint de s'éloigner de son atelier. Pourtant, comme en miroir, elle saisit l'essence de ce qui la taraude et qui, probablement, a taraudé ce révolutionnaire qui fonda des sociétés secrètes et organisa des conspirations avant de passer plus de trente années en prison. Cette lettre très lucide prouve, s'il en était besoin, que Camille n'était pas folle à lier et gardait une intelligence de ce qu'elle était en train de vivre. Elle prouve aussi que son délire, bien qu'incontestable et grave, s'inscrit dans une donne sociopolitique et culturelle défavorable pour les femmes de son époque :

> « Je considère Blanqui comme un révolté d'instinct, il ne sait pas contre quoi il se révolte mais il se sent dans le faux, dans un monde plongé dans l'erreur et il lutte continuellement sans pourtant savoir où est le vrai... La grande lutte, mais dans une brume trop épaisse, il se débat en vain et succombe, le temps n'est pas encore venu de la lumière[107]. »

La lutte de Camille Claudel sera vaine pour elle et son destin tragique, mais pas pour nous qui disposons maintenant d'une œuvre exceptionnelle. C'est une injustice supplémentaire qu'elle subit encore aujourd'hui. Il n'y a qu'à voir ce qui s'écrit sur elle, sans prendre en compte la part légitime du délire, sans chercher à le contextualiser. À son époque, s'imposer, avoir du caractère, sculpter un nu, s'attaquer à un bloc de marbre, défendre sa visibilité, était incongru pour une femme, voire obscène. Bref, c'était déjà un signe social de perturbation mentale. La sculptrice Camille Claudel dérangeait le petit monde de l'art et l'ordre culturel, mais elle a tout de même réussi à s'imposer de son

---

107. Lettre à Gustave Geffroy, mars 1905, *in* Camille Claudel, *Correspondance, op. cit.*, p. 193.

vivant. Quelle terrible prémonition dans ce qu'elle écrit à propos d'Auguste Blanqui, huit ans avant son internement sous contrainte, violemment imposé par sa mère et son frère Paul : « Mais dans une brume trop épaisse, il se débat en vain et succombe, le temps n'est pas encore venu de la lumière. »

Camille va psychiquement succomber à ce passage à l'acte, quelle que soit la justification de celui-ci. Sa mère, dont elle espérait depuis toujours l'amour, devient brutalement celle qui la tue en l'internant et en interdisant définitivement tout contact avec le monde. Même quand les aliénistes, pourtant peu enclins à prendre le risque d'une sortie, la souhaitent pour Camille Claudel, la mère s'y oppose avec une véhémence dictatoriale. Elle a rayé sa fille Camille du monde, tout en veillant à assurer sa subsistance. Et que dire du frère Paul qui s'est éloigné de sa sœur, au point de ne pas lui éviter la fosse commune après une inhumation anonyme sous le code 1943-392. Le directeur de l'asile précisa à Paul que la pensionnaire ne laissait « aucun effet personnel à la date de son décès ni aucun papier de valeur, même à titre de souvenir[108] ». Jusqu'au bout, Camille Claudel est réduite au silence, et malgré tout, elle a tenté de garder le contact avec sa mère, avec Paul, avec des proches de la famille. Elle cherche à améliorer son ordinaire, et les supplie de la laisser sortir afin de retourner vivre dans la demeure familiale dont elle a la nostalgie... mais aucun courrier n'arrive car ils sont bloqués à l'asile, sur ordre maternel.

---

108. Dominique Bona, *Camille et Paul. La passion Claudel*, Le Livre de poche, Paris, 2008, p. 421.

Comment peut-on être réduite au silence, à l'isolement total et en même temps, devenir une référence de la sculpture de son vivant ? Comment Camille Claudel peut arrêter totalement de sculpter alors que, depuis l'enfance, c'est son mode d'expression et même son mode d'existence, à savoir, donner forme dans un étroit contact charnel avec la matière, face, entre autres, à l'absence d'amour charnel de la part de sa mère ? Camille est loin d'être la seule à plonger ainsi dans un silence de pierre, tels le compositeur Robert Schumann, le danseur chorégraphe Vaslav Nijinski, le pianiste compositeur de jazz Thelonious Monk, et d'autres encore. Elle reste là comme une statue à l'ombre, figée dans l'entêtement et l'assèchement de son être méconnaissable. Contrairement à ce qu'affirment certains psychiatres, sa stérilisation créative n'est pas liée à un déficit du fonctionnement neuropsychique. Si le délire occupe et entrave la pensée et l'action, la théorie déficitaire qui se réfère à la notion de dégénérescence ne donne qu'une vision négative de cette folie. Or, peut-être que la seule liberté de Camille, comme elle l'exprime dans une lettre à son frère Paul, est de refuser d'exercer son art dans ces conditions d'incarcération :

> « En réalité on voudrait me forcer à faire de la sculpture ici, voyant qu'on n'y arrive pas on m'impose toutes sortes d'ennuis. Cela ne me décidera pas, au contraire[109]. »

---

109. Lettre à Paul Claudel, novembre-décembre 1938, *in* Camille Claudel, *Correspondance, op. cit.*, p. 314.

Dans le piège de la folie : la chute

Il faut bien différencier le basculement de Camille Claudel dans le chaos, quand la faille de l'être s'ouvre béante lors du déchirement passionnel, de la bascule dans l'abîme lié à son incarcération en asile dans un isolement affectif quasi total. Alors, elle n'existe plus, excepté lors de brefs moments, quand elle implore la clémence de sa mère ou qu'elle quête un peu d'attention de la part de Paul. Pour autant, elle les épargne encore tous deux, par nécessité vitale de préserver ses repères et son mince espoir de sortir de l'asile. Ainsi, elle insiste, dans son délire, à toujours charger La Bande à Rodin de la responsabilité de tous ses maux. Il est d'autant plus dramatique de lire sous la plume du triste Paul Claudel la phrase injuste et assassine à propos de sa sœur avec qui il a tant partagé dans son enfance : « Moi, j'ai abouti à quelque chose. Elle, elle n'a abouti à rien[110]. »

Rappelons qu'en 1934, elle est l'invitée d'honneur du Salon de la Société des femmes artistes modernes pour une grande rétrospective tandis qu'elle croupit à l'asile, avant d'y mourir, affamée, en 1943, comme de nombreux internés qui subissent ce qui fut nommé une « extermination douce »[111], par le choix politique cynique, absolument pas doux du tout, de ne plus nourrir les bouches inutiles des « dégénérés ».

---

110. Dominique Bona, *Camille et Paul. La passion Claudel*, op. cit., p. 427.
111. Max Lafont, *L'Extermination douce. La cause des fous, 40 000 malades mentaux morts de faim dans les hôpitaux sous Vichy*, op. cit.

Quand créer soulage la souffrance

Constat banal dans la vie quotidienne, face à un obstacle quel qu'il soit, on cherche et on trouve une solution pour le franchir ou le contourner. Certains vont se figer dans la peur, renoncer ou attendre une aide extérieure et un mode d'emploi. D'autres se lancent à corps perdu, droit devant, sans envisager le risque encouru. Tandis que d'autres font preuve d'inventivité et sollicitent en eux-mêmes deux registres pour penser leur action et trouver leur propre solution : la réflexion, valorisée par notre culture de la raison, et l'intuition, cet « insu » qui œuvre dans la mémoire en lien avec l'expérience de celui qui réfléchit, même s'il prétend tout maîtriser. La pensée intuitive est plus ou moins consciemment privilégiée par une frange de la population qui fait confiance à son imagination et à son expérience. Prenons l'exemple le plus simple, le franchissement d'un ruisseau ou d'un petit rocher. Il est édifiant de voir comment chacun va s'y prendre : soit se bloquer, soit tendre la main, poser maintes questions aux plus expérimentés, ou se jeter en avant au risque d'une chute qui ne manque pas de survenir car le danger n'a pas été calculé, soit se donner un temps de réflexion, mesurer les distances, la hauteur, évaluer la marche à suivre pour franchir l'obstacle, soit enfin, se laisser imprégner par le lieu, regarder tout autour de soi, imaginer les mouvements et les prises qui faciliteront un passage, se souvenir d'autres expériences et ressentir la juste voie. Ainsi, le corps est en harmonie avec la pensée et un élan intérieur. Porté par l'inspiration, le corps intuitif et pensant optimise sa capacité de franchissement.

Si, plus délicat, l'obstacle à franchir est de l'ordre d'une souffrance existentielle, on ne peut plus parler de solution, mais d'un recours qui fait appel à la créativité. Si celle-ci n'a pas eu l'opportunité de s'épanouir, l'être en souffrance ne peut que subir et se plaindre. Alors, il évolue souvent vers une forme de chronicisation passive de son mal-être, ce que l'on retrouve dans les troubles dits fonctionnels, c'est-à-dire quand le corps avec ses maux exprime un indicible mal inté- rieur. Si un être découvre la voie possible pour exprimer sa souffrance, la créativité y prend une grande place. Le besoin d'exprimer est la signature de l'humain qui, au-delà du cri, s'est mis à parler pour communiquer ses besoins et son ressenti. Cette voie est à la fois un appel adressé à l'autre et l'expression plus ou moins dramatique des émotions. C'est l'amorce d'une mise en récit de l'expérience douloureuse. Au-delà de ce besoin d'exprimer, il y a le désir que ça se voie, que ça s'entende, en quête de témoin, et plus encore, de qui pourrait prendre soin de l'être en souffrance. Un pas de plus, et c'est le désir que ce soit reconnu, que l'expression trouve la personne empathique qui valide le degré de souffrance endurée. Cette reconnaissance est un atout maître pour soulager sa souffrance et la transformer en une expérience positive. L'activité créative et artistique s'inscrit en partie dans ce besoin d'expression, dans ce désir que cela soit vu et reconnu par les autres. Mais il existe une autre forme de recours face à la souffrance, celle de la surmonter dans un dépassement de soi et l'autocontrôle d'une maîtrise de soi, de ses émotions et de ses sensations. On le trouve dans les pratiques spirituelles qui font appel à la pleine conscience, à la méditation et au contrôle physiologique des organes du corps. Il s'en fait parfois une œuvre, notamment dans des performances d'artistes qui mettent en scène le corps et agissent sur lui, souvent en lui faisant subir des épreuves qui ne sont pas sans évoquer les rites initiatiques et leurs incantations contre les impondérables du destin.

Qu'en est-il quand l'obstacle est de l'ordre du traumatisme physique et/ou psychique ? Si, là encore, il existe ces trois postures possibles décrites ci-dessus, le recours créatif doit faire appel à une tout autre dimension. Soit le traumatisme agit en terrassant l'individu qui n'a d'autre recours que celui de se vivre victime, de devenir un handicapé prisonnier de son statut, ou pire, un mort-vivant. La plupart du temps, et c'est particulièrement vrai dans le cas des enfants et des adolescents, se met en place spontanément un processus neuropsychique de réparation du traumatisme grâce à une intégration par la construction de représentations psychiques. Dans les suites immédiates d'un choc, il est fréquent que des cauchemars s'imposent dans une répétition traumatique. Progressivement, le contenu du cauchemar s'humanise, au sens où il évolue vers une capacité de l'individu à réagir, à construire un récit et à trouver une issue favorable à sa situation. C'est en quelque sorte une digestion, une métabolisation de l'événement. Le traumatisme devient une expérience car il a fait l'objet d'une intégration neurologique et d'une appropriation psychique. C'est le cas de certains artistes, dont ceux, connus, que j'évoque dans les chapitres précédents. Leur processus de création a, entre autres, pour fonction de reconstruire après le désastre, de digérer l'événement, de surmonter l'effroi, de panser la blessure, bref, d'élaborer un objet à la fois imaginaire et réel, qui, en son sein et dans sa forme, contient à la fois une charge émotive, affective et signifiante de l'existence de l'artiste. Mais nous avons aussi constaté, notamment pour Aurélie Nemours, que dans l'impossibilité de métaboliser un traumatisme grave, un choix inconscient défensif peut être privilégié. Plutôt que de créer un objet-œuvre chargé de représentations et d'affects, l'artiste va délimiter ses contours, non pas sous la forme d'un déni du trauma, mais d'une construction à visée protectrice. Le recours créatif passe alors par l'abstraction et la sublimation, c'est-à-dire qu'il permet à la fois un étayage défensif et une expression énigmatique dont seul l'artiste a la clé et les codes. Aurélie Nemours connaissait la force symbolique du point et de la ligne. En s'inscrivant dans l'abstraction contemporaine, elle pouvait rendre visible, neutraliser et universaliser sa question existentielle, tout en brouillant les pistes pour ceux qui cherchent à décrypter le sens de l'œuvre.

Le processus créatif est une fonction dont l'importance, qu'il n'est besoin de rappeler, croît selon ce qu'il s'agit d'affronter : de la solution au recours, jusqu'à la réparation et la reconstruction. Si ce processus est souvent spontané, se saisissant des opportunités, il peut aussi être provoqué par un aidant, voire organisé par un processus thérapeutique incitatif. C'est selon l'équation existentielle de chacun, mais de quoi s'agit-il ? Cette équation n'est pas la constellation d'un destin qu'il faudrait supporter en espérant l'alignement favorable des astres. C'est le potentiel d'action, soit la capacité créative de l'individu à influer sur le poids de son histoire et d'un destin a priori tracé. De « donner forme à son destin » d'Albert Camus à « ce que je fais de ce qu'on a fait de moi » de Jean-Paul Sartre, il s'agit du processus d'appropriation psychique caractérisé par une dynamique variable selon les situations et les personnes concernées : en retrait et presque immobile, curieux et en avant de soi, ou en projet dans une activité créatrice plus ou moins intensive. De cela dépend la trajectoire de vie avec plus ou moins d'aptitude à lever, à contourner ou à affronter les obstacles. Plus il y a de réactivité créative, plus l'individu parvient à maîtriser sa trajectoire et, pour reprendre la métaphore cosmique, plus il a de chances d'éviter les collisions stellaires destructrices. La « comète » Giacometti a frôlé le désastre lors du choc de son impasse perceptive mais l'a évitée grâce à un parcours créatif singulier. Au prix d'efforts et de recherche, il parvint à tracer sa vie à travers sa quête artistique. Il en est de même pour Gérard Garouste, et si lui n'a pas été épargné par les collisions éprouvantes de ses accès délirants, il inscrit enfin sa vie dans les racines de la culture. Par contre, nous avons vu comment et à quel point Antonin Artaud, Vincent Van Gogh et Camille Claudel se sont abîmés, s'écrasant tels des météorites, car l'équation de leur existence dans un environnement délétère, depuis l'histoire infantile jusqu'aux mauvaises rencontres auxquelles la vie les a confrontés, ne leur a pas permis de sécuriser leur vie et de l'harmoniser avec un processus créatif riche et original. Cela n'a pas suffi, voire leur processus créatif a parfois participé à leur perte. Il nous reste juste leur œuvre captivante et une certaine compassion face à ces vies chaotiques, éprouvantes et douloureuses.

Ce chapitre va inverser le propos. Lorsque créer vise à soulager une souffrance actuelle, que se passe-t-il, comment et pourquoi ? Un être abîmé, blessé physiquement ou choqué psychiquement, malade, victime d'agression ou d'accident de la vie peut-il élaborer un processus créatif qui parvient à le soulager et à le guérir ? Il s'agit parfois d'accepter sa condition en réinventant une autre capacité d'exister et une raison de vivre. Quand Frida Kahlo peint sa souffrance physique et mentale, elle sait qu'elle n'y changera pas grand-chose, mais elle y trouve un apaisement de sa douleur et de sa révolte, grâce au plaisir de peindre, de jeter sa peinture à la face du monde, de se représenter, mais aussi d'inscrire sa démarche esthétique en sublimant l'expression de sa souffrance.

Parfois, c'est juste une évidence qui s'impose à soi. Ce fut le cas pour Augustin Lesage, un mineur qui, extrayant le charbon au fond de la mine, éprouva soudain une révélation, celle de devenir peintre, ce qu'il s'est empressé de réaliser sans rien y connaître. Il créa des toiles immenses, inspirées par ce qu'il pensait être un souffle médiumnique. Ainsi, il s'est extrait lui-même et à son insu de sa rude condition, comme quand il extrayait un minerai, mais plus précieux car il y trouva une réelle plus-value de son être. Il est devenu peintre à plein temps.

Mais, nous allons voir que ce fut plus compliqué pour Niki de Saint Phalle et Zoran Mušiᵛc, confrontés à des chocs traumatiques dont ils sont sortis grâce à leur action créative.

Enfin, nous évoquerons des figures extrêmes d'êtres qui se sont confrontées à la folie, et qui ont bricolé tant bien que mal leurs actions salvatrices grâce à une créativité obsédante et captivante, jusqu'à devenir artiste de surcroît, même si ce n'était pas un but pour eux. L'acte de créer suffit-il pour parvenir à vivre malgré le poids d'une existence troublée ?

Niki de Saint Phalle, ou la rage d'exister

Niki de Saint Phalle, Louise Bourgeois, deux femmes, deux artistes plasticiennes reconnues et célébrées partout dans le monde se sont imposées grâce, entre autres, à leurs sculptures monumentales, à l'originalité et à la puissance de leurs œuvres heureusement inclassables. Elles ont dérangé et séduit un public avant que les critiques d'art ne reconnaissent leur génie artistique. Elles ont bénéficié de rétrospectives qui ont tourné dans le monde entier, et leurs créations sont devenues les phares qui illuminent la vie culturelle de ces métropoles qui ont choisi d'en faire la commande et de les exposer. Si Niki de Saint Phalle est

Quand créer soulage la souffrance

avant tout connue pour ses *Nanas* aux formes généreuses, imposantes et légères, son œuvre, déployée pendant un demi-siècle d'intense créativité, est marquée par une grande diversité. Hors norme, Niki de Saint Phalle fut aussitôt adoubée et soutenue par le mouvement artistique des « nouveaux réalistes », qui prônait un regard insolite sur une réalité déstructurée et interpellait le public par diverses actions, dont les happenings et les performances.

Rançon du succès, Niki de Saint Phalle est souvent copiée. Elle fait d'autant plus l'objet de contrefaçons grossières que de son vivant, elle favorisa la diffusion de produits dérivés de ses créations originales, une façon pour elle de démocratiser son art, mais aussi de pouvoir financer des créations monumentales très coûteuses, tel son *Jardin des Tarots*.

S'il fallait définir Niki de Saint Phalle à travers son œuvre, on parlerait d'audace tant dans sa vie que dans son art, de provocation pour se rendre visible et audible, d'engagement total dans des bricolages artistiques improbables qui se révélaient fabuleux une fois créés, d'une ferme invitation à regarder sa création, même celui qui ne veut pas voir, quitte à le bousculer. On parlerait aussi d'une femme paradoxale, artiste subversive de la féminité traditionnelle, mais qui en utilise les codes. Elle a toujours refusé d'être catégorisée féministe, et encore moins artiste-femme.

Avec le recul des années – ces deux artistes sont décédées à l'aube du xxie siècle – on constate leur proximité en tant qu'artistes et que femmes prises dans des histoires personnelles assez proches et tout aussi engagées dans leur création. Leurs œuvres ont de nombreux points communs :

la rage d'exprimer sans se ménager ni ménager le public, un réalisme particulier qui associe un imaginaire prolifique, un univers symbolique chargé de signes complexes à décoder, une réalité de souffrance qui affleure dans le récit figuré de leur création, une interpellation violente du spectateur qui ne peut s'abstraire de voir, de s'y voir, une intimité dévoilée mais qui reste énigmatique, la dimension souvent monumentale de leur création, mais qui sait s'arrêter sur le moindre détail, en formant d'immenses rébus.

Ces deux « sœurs » artistiques sont les phares de la révolution que les femmes ont imposée dans l'art actuel. Elles ont ouvert la voie et transmis leur audace et leur force à toutes les femmes, mais aussi à leurs « filles » artistes, de Sophie Calle à Annette Messager, de Kiki Smith à Marina Abramovi´c, un certain nombre parmi les femmes artistes qui revendiquent avant tout un statut d'artiste non indexé au genre, tout en soutenant, chacune à sa façon, les causes des femmes pour leur liberté, leur égalité et leur visibilité sociale, politique et artistique. Elles y sont parvenues envers et contre les verrous, multiples et insidieux, de la domination machiste. C'est aussi pour cela que ces deux « sœurs » sont devenues, sans qu'elles aient à le choisir ni à le revendiquer, l'incarnation symbolique du féminisme radical et engagé, celui qui, sur le plan artistique, use du spectaculaire pour se rendre joyeusement visible et intelligible, et jamais ennuyeux.

Niki de Saint Phalle s'inscrit dans une logique de liberté et de combat sans jamais se revendiquer du féminisme ni d'autres causes qu'elle soutenait à travers son travail artistique. Catherine Gonnard et Élisabeth Lebovici ont éclairé sa position[112] : « Niki de Saint Phalle a toujours refusé d'être intégrée dans un livre sur les femmes artistes. Elle craignait la captation de son œuvre par le féminin, trop consciente de ce qu'une lecture rapide de son travail pouvait susciter d'interprétations dans ce sens. Elle estimait que l'on ne pouvait ou ne devait pas différencier les artistes par leur sexe, leur religion ou leur race, et refusait de participer à des expositions ou des publications consacrées aux femmes artistes uniquement. »

Lisant le propos de Niki de Saint Phalle dans un entretien avec Maurice Rheims[113], il semble qu'il y ait un paradoxe dans sa posture, ou plutôt une provocation à penser :

> « Si aujourd'hui je me considère presque comme le seul poète, le seul sculpteur capable de créer quelque chose de poétique, c'est justement parce que je suis femme. Les hommes avec leurs fusées, leurs bombes atomiques, et toute cette saleté qu'ils nous ont foutue dessus... ils se sont stérilisés. Tout ce qui leur reste, c'est la tête ou ses apparences, et c'est pour ça qu'aujourd'hui ils sont incapables, dans le monde des arts, de continuer de créer. Et c'est pour ça justement, aujourd'hui, que moi, femme, je peux vraiment faire une œuvre fulgurante poétique. Les hommes n'ont plus rien à exprimer, sinon une profonde jalousie envers la

---

112. Catherine Gonnard, Élisabeth Lebovici, *Femmes artistes, artistes femmes*, Hazan, Paris, 2007, p. 299.
113. *Id., ibid.*, p. 302, extrait de « Niki de Saint Phalle, l'art et les mecs », entretien, *Vogue*, 2005.

femme, envers son pouvoir créateur. La femme peut faire des gosses, et ils ne peuvent pas. Les hommes sont prisonniers de trucs stupides... argent, pouvoir, macarons de la Légion d'honneur, alors que moi, femme, j'ai une liberté fantastique pour exprimer mes délires, mes problèmes face au monde d'aujourd'hui. »

Autre élément clé du phénomène Niki, c'est sa revendication d'autodidacte dans tous les domaines. Elle refuse de se plier aux formations académiques sans pour autant dénier leur influence, ainsi que l'aide technique et le soutien d'artistes qu'elle côtoie intimement dans sa vie de bohème créatrice. C'est en imposant sa voie, brut de décoffrage et vierge des codes classiques, que son besoin, puis sa volonté de parer au chaos qui l'assaille, de se donner naissance et de se soigner par la création, a pris tout son sens et a construit une œuvre. Car ce que l'on sait moins de Niki de Saint Phalle, c'est son histoire traumatique face à quoi la création artistique lui a permis de vivre malgré tout, comme une « rescapée », écrit-elle[114].

Née en 1930, peu après le krach boursier de 1929 qui a mis au tapis son père banquier, Niki a aussitôt été placée chez ses grands-parents paternels dans la Nièvre, tandis que ses parents partaient se refaire une santé financière et une place au soleil aux États-Unis. Est-elle restée en France pendant trois ans comme elle l'affirme ? Qu'importe la durée, elle a vécu, dès sa naissance, l'abandon parental au moment le

---

114. Niki de Saint Phalle, *Mon secret*, La Différence, Paris, 2010 (1994).

Quand créer soulage la souffrance

plus crucial de son enfance. Rejoignant sa famille aux États-Unis, elle a fort heureusement reçu les soins d'une nounou chaleureuse qu'elle a aimée. Elle la nommait Nana, première trace qui se retrouvera plus tard dans son œuvre. À l'âge de 11 ans, cet abandon s'est tragiquement répété, et s'est compliqué. Niki a connu la pire trahison de la part de son père, l'inceste. Ce traumatisme psychique a dicté son destin, sa souffrance, sa rage d'exister, de vaincre, de se faire justice, et sa créativité réparatrice. Elle écrit[115] :

> « J'avais onze ans et j'avais l'air d'en avoir treize. Un après-midi mon père voulut chercher sa canne à pêche qui se trouvait dans une petite hutte de bois où l'on gardait les outils du jardin. Je l'accompagnais… subitement les mains de mon père commencèrent à explorer mon corps d'une manière tout à fait nouvelle pour moi. Honte, plaisir, angoisse, et peur, me serraient la poitrine. Mon père me dit : "Ne bouge pas". J'obéis comme un automate puis avec violence et coups de pied je me dégageais de lui et courus jusqu'à l'épuisement dans le champ d'herbe coupée. Il y eut plusieurs scènes de ce genre ce même été. Mon père avait sur moi le terrible pouvoir de l'adulte sur l'enfant… pour la petite fille, le viol c'est la mort… à onze ans je me suis sentie expulsée de la société… J'avais compris que tout ce qu'on m'enseignait était faux… Mon père, ce banquier, cet aristocrate, avait mis son sexe dans ma bouche… »

---

115. *Id., ibid.*

Niki n'a pu qu'enfouir ce traumatisme dans une crypte de son inconscient pour y survivre. Elle n'a pu que manifester sa rébellion au grand dam de sa famille bien-pensante et d'une mère indisponible, du style comtesse plutôt que maternelle. Dix ans plus tard, s'étant mariée prématurément, elle venait d'accoucher de sa fille Laura et, brutalement, Niki s'effondra dans une dépression sévère avec une angoisse et un délire de persécution. Internée en milieu psychiatrique, elle y a subi des électrochocs et des chocs insuliniques, méthodes barbares. Ce fut une douloureuse épreuve pour cette jeune femme qui avait juste besoin d'exprimer et de comprendre sa souffrance et son traumatisme. Ces traumatismes répétés alors qu'elle avait juste besoin que l'on prenne soin d'elle, furent encore aggravés par le déni insultant d'un psychiatre bien-pensant. En effet, le père de Niki, conscient du traumatisme qu'il avait fait subir à sa fille, lui révéla dans une lettre, le crime sexuel qu'il avait commis sur elle. Le traumatisme encrypté surgit aussi brutalement, avec le choc violent que cela représentait pour Niki. Le psychiatre ne trouva rien de mieux que de rejeter la révélation paternelle, intimant à celui-ci de cesser ses propos s'il ne voulait pas que sa fille passe sa vie à l'asile[116]. Cinquante ans passèrent avant que Niki prenne l'initiative d'une longue lettre à sa fille Laura et à toutes les petites filles, dont elle-même qui n'avait jamais réellement dépassé son traumatisme, comme c'est souvent le cas dans ces situations qui causent un chaos terrible dans le psychisme :

---

116. *Id., ibid., Mon secret.*

« J'ai écrit ce livre d'abord pour moi-même, pour tenter de me délivrer enfin de ce drame qui a joué un rôle si déterminant dans ma vie. Je suis une rescapée de la mort, j'avais besoin de laisser la petite fille en moi parler enfin. Mon texte est le cri désespéré de la petite fille[117]. »

Avant cela, Niki de Saint Phalle l'avait évoqué, transfiguré et mis en scène autrement à travers sa création artistique. Il s'est passé cinquante ans entre le viol et *Mon secret,* et aussi cinquante ans entre son effondrement psychique et sa mort, au sommet de son art. Niki fut marquée de l'empreinte indélébile de l'agression incestueuse, mais elle ne s'y résume pas, comme l'écrit justement, en forme de dialogue fictif avec Niki, Bernadette Costa-Prades[118] :

« Certainement avais-tu des raisons d'être en colère, mais il serait réducteur, comme pour toute œuvre d'artiste, de cantonner ta démarche au seul exutoire personnel, de limiter ton œuvre à ta vie, même si elle en a épousé les soubresauts. Replaçons tes *Tableaux Tirs* dans le contexte des années soixante, où la violence faisait rage, dans une France en proie à la guerre d'Algérie sur fond de guerre froide. Tu avais fui l'Amérique et son racisme, tu n'étais pas insensible à ces batailles anticolonialistes. Tu tirais aussi sur la

---

117. *Id., ibid.,* quatrième de couverture de *Mon secret.*
118. Bernadette Costa-Prades, *Niki de Saint Phalle,* Libretto, Paris, 2014, p. 49.

violence du temps. Ajoutons encore que la mort de la peinture hanta tout le xxe siècle, et toi, tu osais tirer dessus à la carabine 22 long rifle ! »

Ces *Tableaux Tirs,* de quoi s'agit-il ? Ce sont eux qui l'ont fait connaître auprès du public, et reconnaître par le groupe d'avant-garde des « nouveaux réalistes », fascinés par l'audace et la prouesse de ces tirs orchestrés avec la participation des spectateurs devenant acteurs le temps d'une performance artistique. Juste avant cela, Niki de Saint Phalle avait créé des assemblages hétéroclites d'objets les plus divers, dont des objets contendants exprimant une violence à l'œuvre dans le chaos d'un étrange assemblage déstructuré. De cette façon, Niki de Saint Phalle expurgeait sa violence destructrice, la mettait en scène tout en constituant un rébus organisateur de ces éléments épars mûrement choisis. Elle l'a écrit et dit, la création artistique l'a sauvée car elle lui a permis d'exprimer ce qu'elle ne pouvait dire autrement.

Après les assemblages, elle a conçu une cible qui surplombait la chemise d'un amant, et invita le public à lancer des fléchettes sur cette cible, c'est-à-dire à participer joyeusement à sa propre violence à l'égard d'un homme, l'amant à la chemise ou un autre, de tous ces mâles qui tenteraient de la posséder, de la bousculer, et en arrière-plan, de la violer. Niki de Saint-Phalle aimait les hommes mais voulait préserver sa liberté d'action sans pour autant renoncer à ce qu'ils la protègent et l'aident à vivre, une ambivalence qu'elle ressentait aussi vis-à-vis de son père. Après ces premières créations, s'est imposée à elle l'idée géniale de « faire saigner

Quand créer soulage la souffrance

la peinture » en tirant sur des poches de plâtre emplies de peintures de différentes couleurs. Elle tirait, faisait tirer ses amis artistes, puis un public surpris, amusé, qui ne saisissait pas toujours la force signifiante de ces transformations d'une forme blanche ronde et immaculée en un chaos de couleurs giclant, puis dégoulinant sur le corps de l'œuvre. La forme blanche et vierge laissait transparaître un relief d'objets hétéroclites et de discrètes poches incrustées sur un costume. Sous le feu des tirs à la carabine, ce costume qui semblait angélique, se transformait en une tout autre forme vive, charnelle, agressive, douloureuse, dégoulinant d'une peinture saignante qui transformait l'œuvre en une sorte de désastre après la guerre. Apparaissait alors un relief insolite, une forme nouvelle et hasardeuse par choix de l'artiste, une proposition violente pour dénoncer la violence et exorciser la sienne. Du costume d'homme à l'autel, d'une forme ironique de composition classique à un ready-made recomposé, tout passa par le feu des tirs et l'éclatement des poches jusqu'à ce que Niki de Saint Phalle s'en lasse. Elle écrit à Pontus Hulten :

> « J'ai tiré sur des tableaux parce que tirer me permettait d'exprimer l'agressivité que je ressentais. Un assassinat sans victime. J'ai tiré parce que j'aimais voir le tableau saigner et mourir. J'ai tiré pour parvenir à cet instant magique, à cette extase. C'était un moment

de vérité, je tremblais de passion lorsque je tirais sur mes tableaux[119]. »

Même si le motif artistique, l'objet créé et le sens des *Tableaux Tirs* ne se résument pas à la vengeance du juste qui fait « saigner la peinture » comme elle pourrait vouloir saigner le père et « tous les hommes sont des violeurs[120] », il n'empêche qu'ils ont permis à Niki de Saint Phalle de rendre visible et de faire reconnaître à travers ce qu'elle contenait de rage et de douleur depuis les traumatismes subis dans l'enfance, sans même s'en souvenir et encore moins y mettre des mots, tellement l'impact psychique était bouleversant. Elle l'éprouvait dans son corps qui exprimait ses maux par un rejet en forme de somatisation.

L'universalisation qu'elle propose par son œuvre à partir de sa propre douleur, et qui la fait reconnaître, renvoie aussi à la guerre, à ses souffrances, mais également à la destruction de l'esthétique classique et de la peinture dans une époque de déconstruction jusqu'au chaos de l'histoire de l'art. Autrement dit, Niki fait d'une pierre deux coups, et même trois coups. Elle s'exprime et fait gicler violemment la crypte de son traumatisme, tout en se rendant visible. Elle se fait connaître autrement qu'en petite aristocrate qui s'essaie-rait à la peinture et au scandale, car la richesse et la beauté

---

119. Lettre à Pontus, publiée dans le catalogue de l'exposition Niki de Saint Phalle au musée d'Art moderne de la Ville de Paris, en 1993, reprise par Gilbert Perlein *in* « L'aventure d'une donation », p. 17, catalogue du musée d'Art moderne et d'Art contemporain de Nice réalisé lors de la donation de Niki de Saint Phalle en 2002.
120. Niki de Saint Phalle, *Mon secret, op. cit.*

Quand créer soulage la souffrance

lui permettraient d'être belle et rebelle à bon compte. Car Niki de Saint Phalle veut à tout prix être entendue et considérée sur le terrain qu'elle a choisi. Elle y parvient grâce à la liberté et à l'audace de sa position d'autodidacte, et marque d'une empreinte indélébile l'art contemporain. Il existe une connivence entre son questionnement, sa destruction et ce qui se joue dans une période où l'art et les artistes se cherchent. Niki ouvre sur une promesse de renouveau pour elle comme pour un art en déconstruction au risque du chaos. Elle n'a jamais oublié la phrase assassine de Joan Mitchell quand, jeune mariée à un écrivain, elle évoquait sa création : « Tu es donc une de ces femmes d'écrivains qui font de la peinture ? »[121]. Piquée au vif, Niki de Saint Phalle affirma plus tard que ce propos lapidaire l'avait stimulée et guidée dans sa création acharnée.

Alors âgée de 32 ans, vivante et acharnée, l'art contemporain ne peut plus compter sans Niki de Saint Phalle, même si les critiques l'étrillent, preuve qu'elle a marqué un point décisif dans son combat. Aujourd'hui encore, le débat est vif, et plusieurs positions s'affrontent : Il y a ceux qui la considèrent encore comme *femme de...*, *l'aristo* qui s'est distraite par l'art ou pire, une hystérique mythomane. Ceux-là dénigrent un travail qu'ils considèrent trop facile et galvaudé, comme ils dénigrent toute forme d'audace venant des femmes. Il y a ceux qui en font une traumatisée qui s'est juste soignée par l'art, une artiste d'art brut, refusant de considérer son inscrip-

---

121. Propos cité par Catherine Francblin, *Niki de Saint Phalle, la révolte à l'œuvre*, Hazan, Paris, 2013.

tion dans la dynamique artistique mondiale, dans l'histoire de l'art et le contexte sociopolitique. Il y a ceux qui ont délibérément mis en sourdine la dimension psychique pour en faire une *artiste, un point c'est tout,* et ainsi, lui donner sa légitimité et la place qu'elle mérite dans la révolution de l'art contemporain. Ils écartent donc le pathos, son histoire, le lien entre le psychisme et l'œuvre, malgré tout ce qu'en avait dit Niki de Saint Phalle. C'est certainement la position la plus cohérente car elle permet d'éviter les dérives insultantes tout en laissant à l'artiste le choix d'articuler un propos avec son œuvre. Ils sortent Niki de Saint Phalle de la marge, des stéréotypes féminins et de l'hystérie dont sont taxées les femmes quand elles s'expriment, surtout si elles le font avec une pointe d'agressivité et sans concession, et surtout quand elles ont souffert du comportement déviant des hommes.

Niki de Saint Phalle est pour ces critiques éclairés, une artiste à part entière. Elle impose sa singularité dans une stature de leader d'un mouvement artistique, ce que, pourtant, elle ne revendiquera jamais, animée qu'elle était par son originalité créatrice très loin des sentiers battus. Ce choix critique exclusivement artistique permet de donner leur vraie dimension à ses actions-performances et à la violence de ses créations. Cela permet d'universaliser sa création au-delà du récit autobiographique. Son œuvre se suffit à elle-même grâce à sa puissance subversive et à une affirmation joueuse mais sans concession des valeurs de liberté, de respect de la différence, des minorités et des marges. Toutefois, à trop vouloir privilégier la dimension exclusivement artistique, ces critiques bien intentionnés courent le risque d'un égarement négationniste, certains disant même qu'il n'y aurait aucune relation entre des traumatismes et une expression dans un mouvement artistique, ou pire, que son récit vécu ne serait au service de ses créations-performances qu'en tant que fiction artistique.

C'est, là encore, un point commun essentiel entre Niki de Saint Phalle et Louise Bourgeois, la force d'une mise en récit, la sublimation artistique des pulsions et d'une rage intérieure. Leur processus de création et leurs actions créatives comptent autant que l'objet créé car l'expression sort d'une chair et d'une âme passionnées. L'expression est le corps. Elle est le fruit d'un assemblage inouï qui relève du charnel sensible autant que des constructions de l'imaginaire conscient et inconscient, et des symboles communs qui s'y rattachent.

Mais pourquoi avoir attendu si longtemps pour révéler son *secret* ? Si la question mérite d'être posée, il faut savoir qu'en matière d'agression sexuelle sur mineur et pire, lorsqu'il s'agit d'inceste, ce silence est extrêmement fréquent, malgré les sollicitations face à des comportements inquiétants. Niki de Saint Phalle le dit bien, il s'agit d'une mort, voire d'une question de vie ou de mort, car vivre avec ce traumatisme conduit à l'autodestruction et au suicide. Et le silence n'y suffit pas. La prouesse des défenses psychiques dans un contexte de sidération et d'effroi, est de neutraliser l'événement catastrophique en enfouissant sa mémoire ou en isolant l'affect de la mémoire événementielle. C'est ce qui explique en partie l'étrange oubli, salutaire mais qui se complique très souvent de dépression ou de troubles du comportement liés aux affects traumatiques. Niki de Saint Phalle n'y a pas échappé. Elle a agi en rebelle durant l'enfance et l'adolescence, menant une vie débridée jusqu'à son accès de folie. C'est alors que tout a basculé. Il lui fallait aller jusqu'au chaos pour ramener à la surface un chaos primitif, celui lié à l'abandon précoce, puis le chaos de la petite fille violée par le père. En toute logique, les électrochocs, le choc insulinique et l'obscurantisme violent des psychiatres qu'elle a croisés, auraient dû la conduire à une apathie définitive de légume qui se dévitalise. Mais c'est sans compter avec le recours créatif que Niki de Saint Phalle a trouvé par elle-même à travers l'expression picturale. Ce fut la promesse d'une expression libératrice de sa souffrance, de ses affects et de ses souvenirs, initiée sous forme de catharsis autothérapeutique. C'est ce qui l'a sauvée de l'asile, d'une vie chaotique et de la mort.

Finalement, Niki de Saint Phalle n'a pas attendu si long-temps. Elle a pu exprimer avec des mots ce qu'elle avait au préalable exprimé à travers sa mise en acte créative. D'ailleurs, peu après la mort de son père, elle a réalisé un film, *Daddy*, actuellement indisponible, que les spectateurs ont trouvé étrange, fascinant, et même insoutenable, y compris les artistes qui entouraient Niki de Saint Phalle. Il fallait, comme pour Louise Bourgeois, mettre en scène et tuer un père pervers, étrillant au passage une mère qui n'avait pas su la protéger. Une fois cette étape franchie, Niki de Saint Phalle a enfin pu penser et concevoir un espace sécure. C'est le grand œuvre de sa vie qu'elle créa dans une excitation artistique débordante, son fabuleux *Jardin des*

Tarots construit en Toscane. Il l'a occupée, tout comme ceux qui l'ont aidée à le construire, sans compter, pendant plus de quinze ans. C'est à partir de là qu'elle a réussi à transmettre un espace sécure et maternel à sa fille et aux enfants dont elle ne savait pas réellement s'occuper jusqu'à présent, car engagée pleinement dans sa création.

On ne peut pas échapper à la contextualisation psychique de son œuvre. C'est ce qui lui donne toute sa profondeur, son humanité, son intelligibilité et le lien indéfectible entre une vie, une œuvre et une femme dont le processus de création est intimement intriqué à son processus d'existence, après avoir été un processus de survie au chaos existentiel. Niki de Saint Phalle est passée du cauchemar cathartique des *Assemblages* à la libération vengeresse des *Tirs* puis à la construction d'un corps, de ses contours et de son enveloppe protectrice avec les *Nanas*, pour enfin accéder à la construction réconciliée d'une mère et d'une capacité maternelle. Elle l'a réalisé dans son *Jardin des Tarots* grâce à la carte qu'elle a nommée *L'Impératrice*, une maison en forme d'énorme *Nana* où elle logeait dans le sein et le ventre. Il s'agit d'une appropriation de son identité, de son corps et d'une capacité à exister malgré tout, notamment l'abandon maternel et la trahison paternelle. Grâce à sa volonté de rester autodidacte, curieuse de toutes les créations singulières, particulièrement l'art brut, elle s'est construite avec les moyens du bord, avec ses tripes et avec « ses hommes » qui l'ont si bien accompagnée, reconnue et soutenue dans son processus de création et dans sa vie.

Enfanter le chaos de son enfance fut pour elle de se donner naissance, de réussir à délimiter ses contours et à trouver la consistance de son être en acceptant de tout bouleverser, jusqu'à quitter mari et enfants qu'elle affectionnait pour se consacrer à sa création, pour vivre sa vie de bohème précaire, pour s'intoxiquer avec les solvants utilisés pour créer ses œuvres monumentales, pour travailler sans relâche la matière même quand elle souffrait d'une arthrite sévère qui l'obligeait à des dispositifs artificiels de préhension, pour prendre le risque de jeter à la face du public ses pulsions destructrices, en l'intimant, comble de l'audace, à y participer. Jamais Niki de Saint Phalle ne s'est conduite en victime. Jamais elle n'a renoncé à sa rébellion, à son indépendance et à sa liberté d'affiliation. Mais, loin de n'être centrée que sur elle et sur son mal, elle a aussi lutté pour différentes minorités, contre la ségrégation, contre le sida et le viol par un engagement libre. Son arme, ce fut son art.

Que de chemin parcouru entre l'adolescente rebelle et faussement frivole qui posait pour des magazines de mode en papier glacé, et l'artiste libre, dégagée du paraître et du poids de ce qui pesait sur elle depuis sa naissance. Niki de Saint Phalle y est parvenue grâce à sa détermination et à la fonction autothérapeutique constructive de sa création artistique. Pendant ce temps, son frère et une sœur se sont suicidés tandis que son autre sœur est morte d'un cancer. Quel autre secret cache cette hécatombe familiale ? Si Niki est décédée à 72 ans, asphyxiée par les toxiques inhalés, elle était enfin apaisée même si, comme elle l'a affirmé, et on la croit volontiers, son traumatisme n'a jamais quitté « la rescapée ».

Dans un mythe orphique grec, à travers une épreuve initiatique, Baubô, figure audacieuse de la femme, fait face à Déméter désespérée de ne pouvoir revoir sa fille Perséphone emportée par le dieu Hadès. Brutalement, Baubô dévoile impudiquement sa vulve. Elle suscite le rire de Déméter, la libère ainsi de son chagrin et lui rend son énergie et sa combativité. Par ce dévoilement impudique, et même interdit, qui ose montrer ce qu'une femme se doit de cacher, Baubô met en scène une force et une puissance qu'elle transmet à Déméter, qui ne désespère plus d'affronter Hadès. Quand une femme ose agir comme le fait Baubô, elle n'a plus rien à craindre de l'homme qui perd du même coup son présupposé de puissance. Pour autant, Baubô, comme Niki de Saint Phalle, n'est pas une ogresse phallique, ni une Gorgone, ni une sorcière... ni une hystérique ! Elle est juste une femme qui ne craint pas de s'affirmer et de se montrer, ce qui fut le cas de Niki de Saint Phalle dans son art comme dans sa vie.

En 1966, Niki de Saint Phalle créa avec l'aide de son compagnon et complice de création, Jean Tinguely, une gigantesque *Nana* dont l'entrée béante du vagin ouvrait sur un monde digne de celui de Baubô : une initiation orphique avec projection, attractions, planétarium, bar... Le public faisait la queue à l'entrée du vagin pour découvrir « tout ce qu'ils avaient toujours voulu savoir sur le sexe sans jamais oser le demander », pour paraphraser Woody Allen. Fameuse provocation, et aussi beau pied de nez à la pudeur qu'imposait Niki ! Pour les critiques qui croiraient encore que Niki de Saint Phalle n'est qu'une bobo, une bourgeoise bohème en mal de sensations fortes, elle a prouvé une fois de plus qu'elle ne reculait devant rien, telle Baubô, pour affirmer la richesse d'une féminité qui n'a rien à envier à l'homme. Quelque temps avant, elle avait déjà réalisé une figure impressionnante qu'elle a nommée *Crucifixion*, et je cite la description qu'en a faite Denys Riout[122] :

« Son buste et ses hanches hypertrophiées évoquent les caractéristiques des divinités les plus archaïques, quand son accoutrement désigne un temps privé de mythes, le nôtre. Entre ses bas sombres et son porte-jarretelles, bien dégagé au creux des cuisses roses écartées, un pubis velu se dévoile. Comble de l'ironie, il s'agit d'un écheveau de laine noire. Cette anti-Vénus fascinante, révulsante, n'a pas de bras – juste des moignons – et sa tête, ridiculement atrophiée, aux cheveux sertis de bigoudis, sourit sottement. Portée par une force plastique exubérante, cette figure générique, archétypale, renoue pourtant avec les mythes : crucifiée issue de la civilisation chrétienne, elle nous vient en ligne droite de la Gorgone antique ou de sa cousine Baubô. Comme ces dernières, elle peut pétrifier d'effroi où guérir par le rire. »

S'il fallait encore prouver l'audace et la modernité de Niki de Saint Phalle, observons ses *Mariées* monumentales qui toisent le public dans leur robe blanche où sont collées poupées, membres, petits souliers, serpent, oiseau... Elles

---

122. Denys Riout, « Un art polyphonique populaire », catalogue du musée d'Art moderne et d'Art contemporain de Nice, *op. cit.*

nous racontent une grande aventure, celle que la jeune Niki a dû fuir mais dont elle a toujours eu la nostalgie après avoir quitté ses enfants et son mari pour ne se consacrer qu'à sa création. Ainsi elle a toujours affirmé sa liberté et la dénonciation de toute forme d'aliénation :

« Les *Mariées* représentent encore quelque chose qui les dépasse. La mariée c'est une espèce de déguisement... évidemment c'est une faillite totale de l'individualité, due à la carence masculine d'exercer les vraies responsabilités et je pense que nous allons arriver à un nouvel état social, le matriarcat[123]. »

Mariées, Grossesses, Accouchements, Nanas, on pourrait n'y voir qu'un hommage à la féminité et à la maternité libérée, mais c'est d'abord la dénonciation de tout ce qui pèse sur la femme, la malmène et entrave sa liberté jusqu'à se soumettre. C'est aussi la glorification de la puissance féminine, telle Kali, la déesse noire hindoue à huit bras, qui a le pouvoir de préserver, de transformer, de détruire le mal. La féminité devient, sous les doigts de Niki de Saint Phalle, une force avec laquelle, non seulement il faut compter, mais qui ne redoute plus l'aliénation patriarcale et religieuse. Telle Baubô, Niki de Saint Phalle défie les dieux, non pas par son impudeur, mais par ce qu'elle possède et parvient à mettre en scène... et que les hommes n'ont pas ou ne savent pas exprimer.

---

123. Niki de Saint Phalle, interview de 1965 cité dans la Collection du Musée national d'art moderne, Centre Georges-Pompidou, Éditions du Centre Georges-Pompidou, Paris, 1986, p. 525.

Ces figures féminines imposantes, plus menaçantes que séduisantes, ne sont ni belles ni laides. Elles sont à la fois des symboles et des mythes que crée Niki de Saint Phalle plutôt qu'elle s'en inspire. Elle avait besoin de faire cohabiter en elle des affects et des fantasmes hautement contradictoires, ne serait-ce qu'à l'égard de ses parents, des hommes, et aussi de la chape de silence culpabilisante de la religion. Songeons à ce qu'elle écrit dans *Mon secret*, « honte, plaisir, angoisse et peur ». Comment faire cohabiter cette pluralité des sensations et des sentiments sans opérer un clivage protecteur ? D'un côté, le mal, le mâle et les violeurs, de l'autre, celle qui resterait toujours une petite fille à cause du traumatisme. Son clivage lui permet de se libérer de l'angoisse et de la culpabilité, tout en restaurant la possibilité du plaisir. Il lui permet aussi de trouver une force, non pas celle du bien et du bon, mais une force subversive qui dynamite les codes traditionnels de l'identité et de la bienséance. C'est en cela que Niki de Saint Phalle s'adresse à notre intimité, et nous rend légers après que nous avons été un instant effrayés par ses figures, sa violence et ses audaces. C'est en cela aussi qu'elle peut s'adresser, sur tous les continents, à quiconque doit grandir et se libérer envers et contre la famille, la tradition et la religion. La réussite de son recours créatif, abouti avec son *Jardin des Tarots*, est d'être enfin parvenue à dépasser ce clivage et l'aveuglement nécessaire à son maintien. Créer a permis à Niki de Saint Phalle de surmonter sa souffrance et ses traumatismes, mais au-delà, de libérer sa mémoire et ses représentations psychiques d'une dualité paralysante et aliénante.

Zoran Mušič, Vladimir Veličković :
comment survivre au chaos

Lorsqu'un événement atteint les repères d'un être jusqu'à ravager ses fondements, il doit, pour y survivre, tenter la réparation de ce qui est dévasté en lui. Pour Niki de Saint Phalle, le traumatisme s'est inscrit dans une histoire personnelle et familiale et ce n'est qu'à partir d'un épisode psychiatrique qu'elle a pu, heureusement, trouver elle-même son bricolage créatif salvateur. Le résultat est allé au-delà de toute espérance, car à la différence des artistes d'art brut auquel elle s'est beaucoup intéressée et qu'elle a défendu auprès des autres artistes, Niki de Saint Phalle est devenue une des artistes les plus connus du XXe siècle. Voyons, notamment avec Zoran Mušič et Vladimir Veličković, comment les événements et les chocs dramatiques de l'histoire peuvent impacter un individu a priori sans problème particulier dans son histoire personnelle. Face à la violence des traumatismes de la guerre et de la barbarie, certaines personnes trouvent en elles la ressource pour parvenir à survivre, à résister, puis à exister malgré tout. Tous ces recours créatifs, quelle qu'en soit la singularité du bricolage, sont d'autant plus difficiles à comprendre que le choc a été précoce, brutal et atroce.

Pour Zoran Mušič, il s'agit de sa déportation dans le camp de concentration de Dachau où il a vécu le ravage humain dans sa pire configuration, et où il a trouvé, grâce au dessin qu'il pratiquait déjà auparavant, la capacité d'y survivre en restaurant un semblant d'humanité. Pour Vladimir Veličković, enfant, ce fut le choc d'assister, aux premières loges, aux désastres de la Seconde Guerre mondiale en Yougoslavie, où se sont affrontés Allemands et Russes.

Tous deux ont connu, comme des millions d'autres humains, le traumatisme de la guerre, ses déchirements, ses exactions et ses actes dévastateurs jusqu'à l'extermination. Ils ont survécu, et, mieux encore, exprimé et témoigné, grâce au recours de la création artistique. D'autres s'en sont sortis, mais comment et à quel prix, jusqu'à parfois se suicider tellement le traumatisme qu'ils avaient vécu était pour eux irreprésentable et innommable. La plupart en sont morts, d'où l'importance, est-il besoin de le rappeler, de ces phares, ou plutôt de ces petites lanternes qui éclairent la nuit pour ne pas oublier. Ces lanternes, ce sont les artistes mais aussi ceux qui le deviennent au décours des grands drames que connaît la civilisation.

Les êtres humains sont particulièrement attirés par les fictions qui mettent en scène tous ces drames, jusqu'aux plus inimaginables et insupportables de violence de barbarie. On constate que les films catastrophe, même s'ils sont de mauvaise qualité, remplissent les salles, et que les romans policiers et de science-fiction se vendent très bien. Le romanesque de l'horreur, de la terreur et du traumatisme a bien plus de succès que les archives et les témoignages d'une réalité qui parfois dépasse la fiction. Pourquoi ? On comprend mieux si on considère l'utilité de la fiction en tant que recours créatif préfiguré qui donne à voir une anticipation de la catastrophe tout en maîtrisant son dénouement, en général favorable grâce au héros d'un jour, de toujours. Ce héros, c'est potentiellement celui qui regarde, qui s'y regarde

Quand créer soulage la souffrance

en miroir. Il se prépare au pire en même temps qu'il trouve les images pour le représenter et les mots pour le dire grâce à une mise en scène captivante. Si certaines de ces fictions ont lieu parfois très tôt après une catastrophe (tsunami, prise d'otages, catastrophe aérienne, écologique, médicamenteuse, génocide), ce n'est pas pour rien. Cela correspond au besoin de se représenter le choc et de trouver ainsi la réponse apaisante à l'angoisse que suscitent les informations dramatiques. Cela ouvre la porte à un marché financier juteux. Le bénéfice n'est pas que pour les producteurs opportunistes des films catastrophe, mais aussi pour chacun de nous, en mal de recours protecteur face à ce qu'il envisage d'un tel cauchemar dans la réalité.

Notre imaginaire n'est pas capable d'anticiper un drame sans que n'apparaisse l'angoisse qui agit comme un signal de détresse. Grâce à la mise en scène fictionnelle, l'angoisse se résout à mesure qu'une solution s'envisage, à l'instar du cauchemar où le rêveur trouve, à force d'insister, une solution apaisante. Paradoxalement, cette solution ne se trouve pas toujours du côté du bien, de ce qui pourrait sauver le monde. Non seulement les êtres humains aiment se faire peur, mais ils s'identifient aussi au héros du mal, au bandit dont les traits sont étonnamment séducteurs. Là aussi, le bénéfice est autant pour le producteur qui oppose le bien et le mal sur un mode manichéen, que pour le spectateur qui peut ainsi canaliser ses sentiments, ses pulsions agressives, sa jalousie, sa soif de vengeance, bref, tous ces miasmes que les êtres humains produisent, en plus grande quantité, avouons-le, que les sentiments généreux et la bonté.

On ne peut que constater ce même phénomène de prédominance du mal dans la réalité, non seulement à l'occasion des exactions de la guerre, mais aussi dans la vie quotidienne où croche-pieds, délations et crimes en tout genre sont légion. Même si nous sommes plus ou moins bien préparés à l'adversité et aux forces du mal par les contes, légendes et autres histoires à dormir debout, c'est tout autre chose que de vivre une catastrophe dans la réalité. Adieu le héros, adieu la solution qui sort du chapeau ! Il est bien difficile, alors, de faire face. Le fait est là : partout, à chaque instant, il y a un être humain ou animal qui vit un désastre car à chaque instant se joue un drame collectif quelque part dans le monde.

Le peintre Zoran Mušič a connu la logique implacable de l'extermination du régime nazi. Déporté à Dachau fin 1944, mort-vivant parmi les morts-vivants, il n'a dû son salut qu'à sa détermination à fixer sur le papier les traits de l'agonie, ce qui s'est imposé à lui comme une nécessité absolue, une évidence face à ce qu'il a nommé la « beauté incroyable » des cadavres.

Zoran Mušič est né en 1909, en Slovénie, proche de la frontière avec l'Italie. Même si l'histoire mouvementée de la guerre et de l'occupation italienne a imprimé leur marque dans ses représentations mentales, son enfance fut plutôt marquée par une harmonie qui l'a conduit à la découverte et à la passion des beaux-arts, liée à ses ascendants et à son inclination pour l'Italie vénitienne. Sans réel motif, il est interpellé en 1944 par la Gestapo, puis mis au cachot, torturé et déporté fin 1944 pour avoir refusé de s'engager dans la Waffen-SS.

À la question de Jean Clair : « Quelle fut votre première impression de Dachau ?[124] » Zoran Mušič répond :

« Des cadavres partout. On ne les comptait plus. C'était un monde hallucinant, une espèce de paysage, des montagnes de cadavres... il y avait aussi des mourants parmi ces morts, des corps qui n'étaient pas encore tout à fait morts. Il fallait les enjamber, ou marcher dessus. Eux, de l'autre côté, nous regardaient avec des yeux perdus... nous suivaient des yeux... ils n'avaient plus la force d'appeler à l'aide... c'était comme une forêt, des troncs coupés, jetés de droite et de gauche, en travers... »

Qui oserait reprocher à Zoran Mušič de parler ainsi à Jean Clair, plus de cinquante ans après sa déportation, de la « beauté incroyable », « des paysages de cadavres » ? Ce serait oublier l'éthique qui sous-tend l'esthétique de Zoran Mušič face à l'énormité, à l'irreprésentable de ce qu'il était en train de vivre, de subir, de voir, de sentir et d'entendre. Et il ajoute :

> « Beau, parce qu'on a senti toute cette douleur en dedans... Celui qui est mort comme ça a souffert jusqu'à la dernière seconde. Ça se voyait à la forme des doigts pourquoi il est mort, la souffrance qu'il a portée jusqu'à la mort... Il était mort dans une souffrance extrême et ça se voyait dans tous les gestes, dans toutes les positions de son corps. Il y a certaines choses qu'on ne peut pas exprimer[125]. »

---

124. Jean Clair, *La Barbarie ordinaire. Mušič à Dachau*, Gallimard, Paris, 2001, p. 121.
125. *Id., ibid.*, p. 159.

Dans le silence écrasant du camp de Dachau où gisaient les morts et les agonisants empilés tête-bêche par centaines, attendant d'être engouffrés dans le four crématoire qui n'y suffisait pas, Zoran Mušič se glissait entre les gisants pour tracer dans l'urgence et le risque les traits humains de ces mains squelettiques, de ces doigts-brindilles crispés, figés, de ces corps décharnés, bleuis et diaphanes, à peine couverts d'une fine couche de givre qui accentuait leur irréalité. Zoran Mušič ne dessinait pas pour témoigner, lui, le survivant à l'extermination, à l'épidémie de typhus. Il le faisait en tant qu'artiste fasciné, autant qu'en homme effaré, pour saisir et fixer par le dessin la trace persistante d'humanité, alors que tout était fait et pensé pour déshumaniser. Il fallait chercher un signe, une humanité, derrière le matricule de ces *stücke* numérotés, de ces objets-déchets voués à la disparition sans sépulture. Dans le froid, avec de pauvres moyens pour dessiner à la hâte, Zoran Mušič extrayait de l'humain, le préservait et immortalisait une réelle beauté. Il cherchait à identifier le lieu de sa souffrance, à travers un rictus, une contraction, croquant le moindre signe qui lui rendait un brin d'existence. Il dessinait une forme de sépulture à l'agonisant, à ce *stück* mis à nu, privé de signe de reconnaissance, excepté un carton accroché au doigt de pied où figurait le matricule afin de ne plus lui servir de soupe. Ses dessins réalisés en secret, puis cachés, n'étaient pas destinés à être montrés. Ils évitaient à Zoran Mušič l'effondrement d'une double mort, celle de perdre toute humanité en ce lieu et celle d'une vie qui ne tenait qu'à un fil. Il dessinait parce que c'était à la fois beau et terrible,

Quand créer soulage la souffrance

mais il n'était pas voyeur. Il était pris dans un devoir de transfigurer le *stück* en un sacrifié, restaurant la dimension du sacré là où les SS ne voyaient que déchet à recycler. N'oublions pas qu'il partageait avec ces morts-vivants la détresse du froid, de la famine et de la maladie, à peine survivant, les yeux baissés dans l'inexistence et la vacuité. Mais lui, il continuait à regarder.

Pourquoi, vingt-cinq ans après, s'impose à lui, dans l'urgence, une série de peintures qu'il intitulera *Nous ne sommes pas les derniers*. Ou plutôt, pourquoi, miraculeusement libéré du camp parmi les quelques survivants, Zoran Mušič, baigné à nouveau par la lumière vénitienne, a repris là où elle en était, sa peinture des paysages de son enfance ? Il n'est pas le seul, loin de là, à refouler le cauchemar des représentations traumatiques et de ce qu'il a vécu. Il le fait d'autant plus qu'il n'est pas de bon ton d'évoquer ces « obscénités » face à une population incrédule, ou plutôt qui ne veut rien voir ni savoir car la prise de conscience bouleverse les repères jusqu'à l'angoisse. Après avoir survécu, il faut vivre malgré tout, se taire, tenter d'oublier et de retisser tant bien que mal des liens avec la civilisation, sachant que d'où l'on revient, le monstrueux avait réussi à mettre en péril cette civilisation au cœur de chacun de ces déportés. Les rescapés des camps de la mort devaient se faire oublier, c'est le constat que les revenants ont fait quand ils tentaient, douloureusement mais vainement, de se faire entendre et de témoigner pour les disparus.

Zoran Mušič évoque la résurgence traumatique de ce cauchemar forclos et des images refoulées, face à Michael Peppiatt[126] :

> « Quand j'ai vu pour la première fois, au cours d'un voyage en train, les collines des alentours de Sienne, j'ai éprouvé une émotion profonde, comme si j'avais retrouvé quelque chose de très important. Ces collines sont dépourvues de végétation ; elles sont recouvertes d'une terre presque blanche, comme une peau avec des striures, des ravines creusées par la pluie, qui font penser à des côtes, à des corps humains. C'est un paysage qui ne change pas, qui n'est pas modifié par les saisons. Et plus tard, au moment de les peindre, je me suis rendu compte que ces collines blanchâtres me rappelaient les monceaux de cadavres parmi lesquels j'avais vécu à Dachau. »

Quelques années après, il précise auprès de Jean Clair[127] :

> « Quand je suis revenu, en 1945, c'était trop frais pour sortir. Sur le moment, j'ai dessiné ce que j'ai vu. Puis j'ai cherché à oublier ce que j'ai vu. Mais en dessous, ça travaillait. Après une dizaine d'années, tout ce qu'on a souffert, vu et ce à quoi on a participé, ressort. Toutes ces toiles ne pouvaient pas rester cachées.

---

126. Michael Peppiatt, *Zoran Mušič. Entretiens 1988-1998*, L'Échoppe Éditions, Besançon, 2000, p. 24.
127. Jean Clair, *La Barbarie ordinaire. Mušič à Dachau, op. cit.*, p. 155.

Quand créer soulage la souffrance

C'est là que j'ai commencé à peindre. On ne peut pas appeler cela « souvenirs ». Ce que j'avais à l'intérieur devait ressortir. Le déclic a été les événements dans le monde qui ont commencé à se répéter un peu partout, les guerres, les massacres. »

Il s'agissait en fait d'une résurgence insidieuse, un déjà là dont la rémanence témoigne de l'impossibilité de l'oubli, même si le refoulement conscient et inconscient est à l'œuvre. Revenu de Dachau, ses paysages étaient empreints à son insu des paysages de cadavres, c'est-à-dire des paysages intérieurs imprimés à jamais, que Mušič transfigurait dans son présent lumineux. C'était toujours là, affleurant dans sa perception et dans sa transcription de peintre, comme une présence fantomatique et précaire de l'empreinte indélébile.

C'est ainsi que les peintures de la série *Nous ne sommes pas les derniers* sont apparues en sourdine et se sont progressivement imposées par un processus d'apparition/disparition, comme une présence presque effacée, d'autant plus prégnante et insistante qu'elle semble toujours échapper. C'est à l'image de la haute solitude et de l'intranquillité, suffisamment masquées pour préserver la vie sociale, qui habitaient constamment Zoran Mušič comme elles hantaient Primo Levi, Elie Wiesel, Robert Antelme et bien d'autres qui éprouvèrent le besoin impérieux de transcrire ce qui relève, dans l'horreur de son inhumanité, du presque irreprésentable. Mušič, à la différence de certains, est parvenu à le dessiner sur le vif. C'est la raison pour laquelle il a réussi à vivre malgré tout, et ne s'est pas suicidé.

L'empreinte indélébile de l'innommable vécu par Zoran Mušič avait ceci de particulier qu'elle avait bénéficié d'une transfiguration humanisante opérée par le dessin *in situ*. Ce réagencement d'un péril chaotique a permis que l'inscription perceptive dans la mémoire sensible de Zoran Mušič devienne praticable car elle relevait de l'esthétique d'une beauté tragique, d'une forme de paysage humanisé. Zoran Mušič a pu éviter que son traumatisme ne soit encrypté au-delà du refoulement nécessaire. Si la crypte protège, comme ce fut le cas pour Niki de Saint Phalle, le traumatisme enfoui risque un jour ou l'autre d'exploser tel un volcan. Il provoque alors un brusque effondrement. Par contre, si la mémoire parvient, grâce à un recours créatif lors du vécu traumatique, à prendre une ébauche de forme, puis à s'infiltrer dans la matrice sensible qui constitue le noyau central des perceptions, elle peut émerger en teintant les perceptions actuelles sans que la résurgence soit une nouvelle épreuve traumatique. Ainsi, le regard de Zoran Mušič fut en quelque sorte berné comme la proie peut l'être par le caméléon qui masque sa forme en muant sa couleur sur celle du support. Le paysage des collines de Sienne (*Paysages de Sienne*) lui révèle, à l'instar d'un suaire, l'empreinte de l'image traumatique imprégnée et comme fixée dans un dessin effacé. C'est pourquoi il a peint *Nous ne sommes pas les derniers* avec une telle économie de moyens, de matières et de traits : paysage dans le paysage, apparition comme une vision hallucinée.

Avec la même humilité et la même insistance que celles dont il avait fait preuve quand il avait dessiné les agonisants, au plus proche d'une vérité sobre et sans pathos, vingt-cinq ans après, Mušič nous transmet, non sans provoquer l'effroi, le sens sacré de son acte d'inhumer et de préserver l'humanité de ceux, dont lui, qui étaient *les derniers*. Enfin, le croyait-il, car il lui fallut constater que les désastres de la guerre et les exterminations ne cessent jamais.

Jean Clair insiste sur la matière ancestrale sacrée dont se servait Zoran Mušič[128] :

> « Ocre jaune, ocre rouge, terre de sienne, terre d'ombre, rouge vénitien. Pigments naturels, ils ne sont pas loin des tons rares des argiles qu'utilisaient les peintres préhistoriques… Face aux entreprises d'extermination massive de notre temps, le peintre est cet individu qui, grâce à quelques poudres, reprend le geste du paléanthropien qui, en enterrant les morts après les avoir enduits d'ocres rouges, a fondé notre culture, et la maintient contre la barbarie. »

***

Zoran Mušič était adulte et a su trouver sa voie pour supporter le pire traumatisme. Mais que dire, que faire quand on est enfant, ouvert au monde dans sa naïveté curieuse, et que surgissent des événements particulière-ment choquants ? Certes, quel que soit l'âge, on n'est jamais préparé à de tels chocs, mais petit enfant, la violence et la brutalité de cette réalité la rendent d'autant plus irréelle et

---

128. *Id., ibid.*, p. 71-72.

La folie de l'artiste

cruelle. Elle ne peut donc pas s'intégrer dans le psychisme sans y provoquer de profonds dégâts. C'est pourquoi l'enfant doit trouver son propre recours créatif pour réussir à vivre avec les sensations à vif de ces situations choquantes.

Vladimir Veličković avait 5 ans lorsqu'il a subi l'impact de ces images-choc. Il est né à Belgrade en 1935 dans une famille cultivée. Émigré en France à l'âge de 32 ans, il réalise alors le traumatisme qu'il a vécu : « Je suis venu de l'Est avec un bagage. Notre corps, là-bas, est empli d'événements lourds. J'avais besoin de raconter trop de choses[129]. »

Depuis soixante ans, il trace sans relâche les traits, les entailles et empreintes profondes qu'a laissées en lui la tragédie vécue entre cinq et dix ans dans sa ville déchirée par la Seconde Guerre mondiale, l'occupation allemande, puis la libération par les Russes :

> « Mon enfance a été marquée par les événements de 1941 à 1945. Nous étions confrontés à des situations et à des images terribles présentes quotidiennement. L'occupation allemande a été très dure... J'étais obsédé par le côté dramatique et la mort ; un détail important : j'ai vu en fuyant dans le centre de Belgrade des gens pendus aux candélabres. Ma mère me disait qu'il ne fallait pas regarder cela. On était en train de fuir avec un chariot. C'était l'exode. Le 27 mars 1941, après le

---

129. Extrait d'entretiens réalisés en 2005 entre Vladimir Veličković et Thierry Delcourt, à lire *in extenso* dans Thierry Delcourt, *Au risque de l'art*, L'Âge d'Homme, Lausanne, 2007, et Thierry Delcourt, *Créer pour vivre – vivre pour créer*, L'Âge d'Homme, Lausanne, 2013.

pacte de non-agression signé avec les Allemands, il y a eu un énorme soulèvement, une démonstration contre la signature de ce pacte. Le 6 avril, un beau jour de Pâques, au printemps, les Allemands sont arrivés et ont bombardé. J'ai en moi des flashs, des séquences : nous étions partis nous réfugier dans une cave où on a échappé par miracle au tapis de bombes. Il y avait le tremblement, la poussière, les objets qui volaient. Nous étions ensevelis dans ce vacarme. Plus tard, j'ai vu les pendus, et, entre deux candélabres, il y avait une publicité pour les courses hippiques. Après les bombardements, nous sommes revenus dans Belgrade dévastée. Plus tard, les Alliés ont bombardé, puis ce fut la libération de Belgrade. Nous étions parqués dans des caves dans des conditions épouvantables. Les Russes sont arrivés avec les partisans de Tito. Il y a eu une bataille au corps à corps avec les Allemands. D'où j'étais situé, je voyais tout à un angle mort : les Russes d'un côté, les Allemands de l'autre. Il me reste quelques images saisies par une fente des stores. Les Russes rentraient dans un état épouvantable, comme des clochards. Ils étaient comme des guerriers du Moyen Âge avec des plaques de métal attachées à leur corps, délabrés. J'ai vu un char russe touché et qui a pris feu. Les soldats sont sortis trop tard, brûlés. On les avait disposés, morts, devant le cinéma. C'était une image terrifiante, noire, tout était noir... et puis quatre mains sur le sol, brûlées, avec les petites bougies posées à côté des cadavres, entre les mains brûlées. Ce sont des traumatismes emmagasinés. Cela m'a hanté puis suivi dans tout mon parcours. Dès mes premiers dessins, c'est venu, ça s'est imposé. Je ne me suis pas inspiré, c'est l'histoire qui s'est invitée dans mes tableaux. Moi, j'ai ensuite puisé dans la riche documentation de l'époque, les journaux et tous les témoignages[130]. »

Depuis soixante ans, il n'a pas cessé de dessiner et de peindre, en artiste et en chercheur, quotidiennement, méthodiquement, pour dire enfin avec conviction :

« Il ne faut pas être encombré de trop de choses pour rendre une efficacité poignante... L'image est à tel point ancrée [et] encrée en moi, [c'est-à-dire], dans les deux sens du terme, enracinée et tracée, qu'elle devient exclusivement un problème de peinture. Il s'agit de la rendre avec les moyens que j'ai, et la rendre la plus efficace possible[131]. »

Avant d'en arriver à ce qu'il nomme son *efficacité*, son *épuration*, Veličković, traumatisé, est, dans un premier temps, passé par l'épreuve douloureuse de l'expression et le besoin impérieux de représenter et d'exacerber les images-choc de son enfance. Il en a transcrit les effets traumatiques à travers une mise en scène brutale de la violence, de la déchirure et de la mort. C'était pour lui comme un abcès à

---

130. Extrait d'entretiens réalisés en 2005 entre Vladimir Veličković et Thierry Delcourt.
131. *Ibid.*

Quand créer soulage la souffrance

percer, à expulser, comme une naissance abjecte, inhumaine et bestiale. Certains de ces dessins ont un tel impact traumatique sur le spectateur qu'il a le réflexe de rejeter la *bête immonde* et cruelle que l'artiste lui impose sans prendre soin de le ménager. On pourrait penser que Vladimir Veličković éprouve une jouissance sadomasochiste à donner forme aux fantasmes les plus atroces, mais il ne s'agit pas de cela.

Pour parvenir à circonscrire, à neutraliser et à intégrer les images traumatiques dans ses représentations psychiques, Veličković a besoin de les restituer et de les reconstruire. Mais ce n'est pas qu'une libération, car sa recherche, son souci éthique, politique et philosophique portent sur l'inhumanité radicale de l'homme, son besoin irrépressible de détruire, ravager, torturer jusqu'à transformer l'évolution de l'humanité en un processus d'annihilation. Lorsque Veličković exposa ses toiles et ses dessins à Belgrade en 2004, trente-cinq ans après son émigration, il a pu mesurer à quel point ses représentations étaient en phase avec ce qu'éprouvait la population à nouveau en proie aux tourments de la guerre :

> « Cette troisième guerre a tracé un chemin parallèle avec ce que je réalisais dans mon travail. On peut dire que la guerre s'est inspirée dans mes tableaux comme un dialogue cruel. Moi, j'ai continué, plus convaincu encore de ce que j'avais à exprimer[132]. »

---

132. Extrait d'entretiens réalisés en 2005 entre Vladimir Veličković et Thierry Delcourt.

La force, la nécessité et l'universalité de ces représentations de Mušič et de Veličković montrent à quel point l'artiste
est un messager, plus que d'être le sismographe des dérives
de la civilisation, plus aussi que d'être un simple témoin, il
anticipe la gravité et les effets de la dévastation. Ce messager
peut toujours lancer son cri, il n'est pas entendu, excepté par
les victimes qui souffrent de ces mises en actes cyniques des
pulsions destructrices désinhibées, plutôt que de rester en
sourdine dans les fantasmes d'humains respectueux de la
vie et de l'autre. Ni déni, ni refoulement, ni modération dans
la démarche artistique de Veličković. Son hyperconscience
liée à la production créative d'une expression fantasmatique
débordante est aussi celle qui a permis au petit Vladimir
de s'apaiser et de devenir le peintre Vladimir Veličković,
reconnu par le monde artistique, philosophique et politique.

Mais pourquoi une telle insistance à représenter les pires
drames humains alors qu'il a, semble-t-il, réussi à panser
les plaies des impacts traumatiques de son enfance ?
Pour le comprendre, il faut s'attarder à ce qu'il nomme
son « arsenal », un espace d'attente au même titre que la
« poche noire » d'Antonin Artaud, mais qu'à la différence
de celui-ci, il maîtrise. C'est dans cet « arsenal » psychique
qu'il puise, tous les matins, en arrivant dans son atelier, les
représentations qui ont gardé toute leur force expressive,
mais qui sont libérées de leur impact émotionnel et affectif,
afin que ces « images ancrées » deviennent exclusivement
un problème de dessin, de peinture, de recherche esthétique. L'efficacité et l'épuration ne sont possibles que grâce
au processus de désarmement émotionnel et affectif de

Quand créer soulage la souffrance

l'« arsenal ». Mais les armes, c'est-à-dire l'âme sensible des représentations psychiques, gardent toute leur puissance d'impact et d'évocation. Il lui suffit d'en chercher la forme la plus exacte et la plus épurée à ses yeux. Ce n'est plus un combat et une souffrance intérieure, ce n'est plus le travail d'élaboration psychique du traumatisme. Cela, il est parvenu à le réaliser, autrement dit à soigner ce traumatisme. Mais il doit faire avec ses fantasmes destructeurs qui, bien que désarmés, ont encore besoin de s'exprimer. Est-ce par une jouissance liée à une identification aux bourreaux, ou une empathie envers les victimes des désastres de la guerre qu'il ne faudra jamais oublier ? Pour Veličković, c'est avant tout le besoin de peindre, de représenter et de dessiner, une irrépressible passion. Le reste est bien caché dans son arsenal où sommeillent toujours des émotions à vif.

Ce n'est certainement pas pour rien que Veličković a utilisé un terme militaire, l'« arsenal », pour désigner l'espace d'attente et de gestation de sa création. Il reste toujours mobilisé totalement à travers son art, mais son combat intérieur pour exorciser les traumatismes et vivre malgré tout est devenu un combat politique et esthétique pour tenter de restaurer une humanité à travers le dessin, la peinture, si tant est que cela soit possible. Grâce à la souffrance exprimée à travers un simple trait rouge peint sur la toile noire, ou à l'opposé par la débauche destructive d'un dessin obscène, cruel et violent, il nous sensibilise, nous émeut, convaincus que nous sommes que ces barbaries ne devraient plus jamais exister. Veličković est parvenu à faire tenir ensemble les lambeaux de ses représentations matricielles expulsés de la boîte de

Pandore du traumatisme infantile. Il est parvenu à maîtriser les débordements destructeurs des images-choc subies. Il a, de ce fait, réussi à contrôler la charge d'angoisse directement liée à ce qu'il a vécu.

Veličković a élaboré des constructions psychiques qui ne sont pas, contrairement à ce que l'on pourrait penser, des fantasmes au sens habituel. Ces fantasmes, qu'ils soient sexuels, meurtriers, sadiques, masochistes, qu'importe, ils doivent être excitants. Ils sont conscients ou subconscients pour celui qui en fait sa rêverie à défaut, et sans intention de les réaliser. Malheureusement, leur concrétisation est très fréquente, et opère dès qu'une opportunité de désinhibition se présente dans les bas-fonds de la civilisation, et les occasions ne manquent pas. Pour Veličković, les constructions psychiques qui ont pris corps au cœur de sa matrice sensible sont devenues au fil du temps et de l'expérience des concepts esthétiques, politiques et philosophiques fondés et soutenus grâce à sa recherche à travers le dessin. Ils expriment, dénoncent et condamnent avec la plus grande efficacité possible, la barbarie humaine.

Si, pour Veličković, les constructions psychiques nécessaires à son existence sont devenues des constructions esthétiques, qu'advient-il de tous les autres qui ont vécu le même ordre de traumatisme ? Certains ne s'en remettent jamais et dépriment durant toute leur vie, voire se suicident. D'autres deviennent eux-mêmes des bourreaux et répètent de génération en génération la barbarie humaine. D'autres enfouissent tant bien que mal ce qui ne manque pas de resurgir à l'improviste dans des cauchemars, des impressions fugaces douloureuses, ou des comportements brutaux inexpliqués. D'autres encore parviennent à une forme de résilience et transforment leur traumatisme à travers des actions humanitaires, civiques, empathiques... C'est là qu'œuvre le recours créatif dans toutes ses dimensions et toutes ses potentialités, dont celle de le transcrire et de le transcender dans une action artistique.

De l'informe à la forme : enfanter le chaos

> « Le sommeil de la raison engendre des monstres »
> Francisco Goya[133]

Produire un dessin, un écrit ou un poème fut longtemps le seul recours salvateur spontané, plus ou moins utile et efficace quand un individu souffrait et que son esprit était « dérangé ». Personne n'avait à s'en plaindre car cette production occupait celui qui, autrement, aurait été dérangeant. Il suffisait d'un papier et d'un crayon, d'un morceau de bois et d'une gouge, d'un bandonéon ou d'objets destinés au rebut et de colle pour s'occuper, se distraire de ses tourments, imiter, inventer, exprimer et au passage apaiser son âme, tenter de se libérer d'une obsession, d'une douleur corporelle ou psychique. Quand les productions émanaient de malades mentaux, elles étaient le plus souvent méprisées. On ne leur accordait aucune valeur, et encore moins sur le

---

133. *El sueño de la razon produce monstruos,* une des quatre-vingts gravures de *Los Caprichos* (« Les Caprices »), musée du Prado à Madrid.

plan artistique. Elles étaient jetées, sauf si le « dérangé » défendait son bien et le cachait.

La situation a bien changé, du fait de l'évolution des soins psychiatriques et de leur relative efficacité, dont celle des traitements médicamenteux, psychothérapiques et des pratiques centrées sur la créativité, dont l'art-thérapie. De plus, la recherche et la médiatisation autour de ces productions hors norme, leur ont accordé le statut d'œuvre d'art reconnue et appréciée au point qu'un art singulier, dit « art brut » par Jean Dubuffet, est progressivement devenu une valeur sûre, et par conséquent une mode, celle de faire du brut en se refusant à utiliser ses compétences artistiques pour paraître plus vrai, plus primitif, donc plus naturel et, mode oblige, plus vendeur. Pour certains, il s'agit plutôt de masquer une incompétence artistique, ou un cruel manque d'inspiration et d'originalité. Cette dérive a non seulement perverti cet art singulier, mais elle a généré sa marchandisation, donc la spéculation qui l'accompagne. On est loin de son but premier, et de cette notion d'art brut.

Que dire de cet autre phénomène qui est en jeu, celui d'une recherche du vrai, du naturel, de l'enfant en soi, d'un retour aux origines ? L'art singulier, l'art des fous, l'art brut, sont considérés comme naïfs et créés sans être a priori pervertis par la culture actuelle. En cela, ils pourraient nous rapprocher de l'art rupestre. Mais c'est l'illusion d'un retour à la nature brute car il n'y a pas d'humain sans culture, qu'elle soit visible, exprimée, identifiable ou qu'elle soit au contraire souterraine, masquée, trop différente pour être comprise, et ce, y compris pour les civilisations préhistoriques. C'est aussi le cas si un trouble neuropsychique entrave ou verrouille l'accès cognitif aux acquis culturels et laisse place au surgissement d'un ressenti brut de décoffrage.

Quand la raison vole en éclats, quand les ancrages psychiques se brisent, quand la réalité se dissout à cause d'angoisses, d'hallucinations ou de perdition mélancolique, alors, c'est le chaos qui impose sa déstructuration. Face à cela, l'individu doit trouver au plus vite un recours pour permettre un réagencement urgent du chaos psychique car il est à la merci d'un passage à l'acte, telle la défenestration. Ce chaos, c'est ce que les psychiatres nomment un moment inaugural, une catastrophe existentielle. Jusqu'à la deuxième moitié du xxe siècle, il n'y avait pas d'autre recours que l'isolement, la contention et la vie asilaire sans traitement apaisant. C'est pourquoi les productions d'art brut les plus intéressantes proviennent de cette époque, car comment s'apaiser, se protéger, s'occuper et se soigner sinon en trouvant son propre recours créatif : celui de produire un quelconque objet en lien avec son souci, sa douleur, son trouble, sa souffrance psychique, et son ennui dans des lieux inhospitaliers.

L'avènement de soins efficaces est un réel progrès, à condition d'en user intelligemment, car le mésusage que l'on peut encore constater dans les lieux de soin psychiatriques, crée en lui-même les conditions d'une autre souffrance contre laquelle il est beaucoup plus difficile de trouver un recours. En effet, quand un traitement est pensé pour normaliser et neutraliser l'activité psychique et l'expression du patient, celui-ci en est le prisonnier, ce qui est parfois pire que la contention physique d'une camisole ou d'une cellule. Le patient, mais peut-on encore le nommer tel quand il perd sa volonté d'agir et son potentiel de perspicacité pour trouver son propre recours créatif et thérapeutique.

Aloïse Corbaz dite Aloïse

Née à Lausanne en 1886, Aloïse fut internée de 1918 jusqu'à la fin de sa vie en 1964. Depuis la mise en exergue de sa production et de sa singularité par Jean Dubuffet, puis Jaqueline Porret-Forel[134], elle incarne la figure de proue de l'art brut. Cinquante années d'internement, mais pourquoi donc ? Là encore, cette question insistante : est-ce qu'elle dérangeait, où était-elle dérangée ?

Aloïse, intelligente et éduquée, passe plusieurs années à la cour de l'empereur allemand Guillaume II comme gouvernante chez son chapelain. Elle en revient à la déclaration de guerre de 1914, mais c'est, semble-t-il, en 1917 qu'elle présente les signes manifestes d'un trouble mental sévère. Elle est internée en février 1918 pour une démence précoce, ancienne dénomination de la schizophrénie. Non-violente, très attachée à Guillaume II qu'elle admirait, et à sa cour qu'elle avait dû quitter non sans mal, les propos pacifistes d'Aloïse en pleine guerre ont-ils dérangé l'ordre et la neutralité suisses ? N'oublions pas que l'internement pour motif politique, très pratiqué par les dictatures, a aussi été utilisé dans nos pays dits démocratiques. N'oublions pas non plus

---

134. Jacqueline Porret-Forel s'est approchée d'Aloïse en 1941 et l'a accompagnée jusqu'à sa mort. Voir son livre, *Aloïse*, Publications de la Compagnie de l'Art Brut, fascicule 7, Paris, 1989. Voir aussi, Jacqueline Porret-Forel, *La Voleuse de mappemonde. Les écrits d'Aloïse*, Éditions Zoé, Genève, 2004.

Quand créer soulage la souffrance

que l'internement arbitraire à la demande des proches ou des représentants de l'ordre public était encore très pratiqué au début du XXe siècle. Poser la question de la dangerosité réelle d'Aloïse et des nombreux internés à vie, ne relève pas d'un négationnisme autour des pathologies mentales, mais vise à bien les contextualiser.

En 1917, quelques mois avant son internement, Aloïse écrit des lettres qui ne préjugent pas d'une schizophrénie. Elle rend hommage à l'empereur, garant du bien contre le mal, et s'incline avec une admiration sans bornes. Son analyse sociopolitique est empreinte de bien-pensance religieuse prosélyte qui incite à revenir à une vie chrétienne.

Aloïse aspire à la paix, ce qui est logique à la fin de la terrible guerre mondiale. Elle écrit aussi sa passion brûlante pour l'empereur, signe précurseur de ce qui deviendra, un an plus tard, un délire passionnel avec quelques troubles du comportement, probablement à l'origine de son internement :

> « Pourquoi donc en évoquant votre souvenir est-ce que je vibre comme une cloche annonçant des épousailles d'anges mourant lentement d'un amour ineffable que me suggère votre regard splendide rencontré par hasard à la revue de Potsdam 1913. Vous étiez étincelant des pieds à la tête, divinisé par le rayonnement sublime de votre cher visage[135]. »

---

135. Jacqueline Porret-Forel, *La Voleuse de mappemonde. Les écrits d'Aloïse, op. cit.*, p. 90.

Lisant les écrits qui ont émaillé la première année de son internement, on ne peut que constater l'aggravation progressive de sa déstructuration psychique : ses textes sont de plus en plus incohérents, et la passion délirante pour l'empereur se confirme, dans un contexte de révélation religieuse où les hallucinations envahissent toute son existence.

Puis, progressivement, une autre forme apparaît, qui succède à ce chaos. Elle ouvre un univers délirant de plus en plus structuré tout en restant incohérent. Les écrits, lettres et dessins foisonnent. Ils ouvrent sur une cosmogonie alambiquée dans laquelle Aloïse est partie prenante parmi ses protagonistes prestigieux, en lien avec les puissantes divinités. L'univers d'Aloïse, quand bien même il est délirant, lui permet d'exprimer, de s'apaiser, de supporter sa condition d'internée, d'objet dégradé et privé de liberté.

Dans le premier temps de son internement forcé, Aloïse s'est enfermée dans un profond mutisme catatonique, sans rien exprimer d'autre qu'une agressivité. Après quelques mois, elle est sortie progressivement de sa paralysie psychique grâce à ses écrits et à ses dessins au crayon de couleur sur tout ce qu'elle trouvait alors comme support papier, même usagé. Cette partie de sa production, pendant plus de quinze ans, fut détruite, car ni elle, ni les gardiens, ni les médecins n'y ont accordé d'importance jusqu'à la nomination d'un directeur, le Professeur Steck, puis de l'exégète d'Aloïse, le docteur Jaqueline Porret-Forel. De plus en plus prolifique et complexe, la production d'Aloïse acquiert une force mystique et passionnelle. Aloïse se construit une cosmogonie aussi sublime que délirante, sophistiquée, qui repose manifestement, selon les témoignages des gardiens et soignants, sur des hallucinations envahissantes. Méfiante, silencieuse, ordonnée, voire agressive si on la dérange, Aloïse s'inscrit dans une conformité avec les contraintes de la vie asilaire. Elle y occupe très consciencieusement la fonction de repasseuse tout en évitant les contacts annexes, occupée qu'elle est à écrire, à dessiner et à construire son univers étrange.

Sa production a, dans la première phase, une fonction cathartique. Elle lui permet de se libérer de la pression très forte d'une passion indomptable et de sentiments qui avaient provoqué le chaos, sa catastrophe existentielle par impossibilité, semble-t-il, de contenir la collision entre ses pulsions duelles, entre son désir et la menace divine, entre son besoin de paix et sa volonté d'en découdre.

Faut-il s'attarder aux événements de sa vie ? Certainement, car ils ont leur importance même s'il est difficile de rassembler des sources fiables autres que les grands événements factuels. Aloïse a perdu sa mère à 11 ans. Jeune fille, elle a rencontré et aimé passionnément un prêtre défroqué. Sommée de s'exiler par sa sœur, elle se passionne alors pour l'empereur. Ce n'est là que la surface de l'iceberg qui ne permet pas de saisir le chaos hallucinatoire de sa psychose. Mieux vaut donc s'attarder à ses écrits et dessins délirants qui lui offrent la possibilité de construire un monde idyllique et d'y siéger en bonne place, à la droite de l'empereur. Ses écrits indiquent son gouffre et la nature de son manque.

Dans ce qu'on pourrait considérer comme une deuxième phase, l'efflorescence du délire s'expose dans une multitude de dessins colorés, aux formes généreuses et sensuelles qui lui donnent un corps représentable et qui s'impose. Il en est de même pour ses écrits. Ils ont la fonction de construire un univers follement habitable, en tout cas, bien plus que la réalité d'une vacuité asilaire. Autrement dit, Aloïse, même si cela paraît fou, habite dans sa cosmogonie divine, tout comme Niki de Saint Phalle habitait dans le sein avantageux de sa sculpture *L'Impératrice* dans son *Jardin des Tarots,* la construction réelle, en dur, de son imaginaire. La hauteur métaphysique de la cosmogonie d'Aloïse n'a rien à envier aux constructions religieuses officielles, tout aussi délirantes, mais ces délires furent, en leurs temps, anoblis au rang de mythes transcendants, au point d'acquérir le statut de vérité révélée. Ils ont acquis droit de cité, contrairement à la cosmo-gonie spirituelle d'Aloïse, et profitent largement à un pouvoir séculier. Le système construit par Aloïse, hermétique et codé par nécessité de se protéger, est fondé sur ce qu'elle nomme le *ricochet,* sa réflexion qui déplace, transpose et transfigure le monde délirant des *trinitaires,* de personnages de haute volée qui lui deviennent par ce truchement, accessibles. Grâce à ce qu'elle nomme une *consubstantialité alternative,* elle aménage sa possibilité d'exister.

Comme le souligne Jacqueline Porret-Forel[136], par ce processus d'élaboration créatif, Aloïse se donne une vraie consistance psychique et identitaire, tout au moins à ses yeux. Elle peut s'incarner dans sa personnalité multiple à travers le délire qui permet une métamorphose avantageuse,

---

136. *Id., ibid.,* p. 22.

celle qui lui permet de vivre et de colmater son gouffre existentiel. C'est bien la fonction et le rôle de son hermétique cosmogonie que de permettre enfin sa construction solide. Il n'est pas possible, ici, d'analyser la complexité de cet univers.

Jacqueline Porret-Forel l'a remarquablement ébauché à travers deux livres très documentés grâce à sa position privilégiée d'accompagnement auprès d'Aloïse[137]. Par contre, on ne peut qu'inviter à lire les écrits d'Aloïse, aussi fous que poétiques, à regarder ses dessins aux couleurs et aux formes envoûtantes, qui proposent un monde très sensuel. Son œuvre, car il faut bien la reconnaître et la qualifier ainsi, est irradiée d'une lumière spirituelle, une voie qui n'a rien à envier aux écrits théologiques officiels, aux litanies, aux chants et aux œuvres liturgiques. L'œuvre d'Aloïse transporte d'autant plus le lecteur et le regardeur qu'elle baigne dans une poésie qui n'a rien à envier, non plus, aux grands peintres et aux bons auteurs de la littérature poétique et romanesque.

Cette immense œuvre accomplie par Aloïse, a permis à son imaginaire collapsé et à son existence dévastée au moment de l'internement, de se restaurer et de donner forme à son être à travers une poésie autothérapeutique, c'est-à-dire l'efflorescence d'un imaginaire délirant dans sa fonction résolutive du chaos de ce trouble psychotique avec son cortège d'angoisse et d'hallucinations. C'est ainsi qu'Aloïse a pu concrétiser et transcrire sur le papier un amour passionnel inaccessible. C'est ainsi qu'elle a pu faire entendre son appel

----

137. Jacqueline Porret-Forel, *Aloïse*, Publications de la Compagnie de l'Art Brut, fascicule 7, Paris, 1989, et *La Voleuse de mappemonde. Les écrits d'Aloïse*, Éditions Zoé, Genève, 2004.

à travers sa cosmogonie spirituelle et son expression sensible poétique. Qu'importe qu'on le nomme délire, pourvu qu'il lui offre enfin la douce musique de l'existence. Ce recours créatif lui a permis d'approcher, par le dessin et par les mots, un amour primordial aux racines énigmatiques. Mais on sait si peu de son enfance, de ses chocs, de ses souffrances.

À ne voir que la dimension de la folie, on minimise celle d'une existence poétique. On ne peut que remercier Jean Dubuffet d'avoir collecté et rassemblé les œuvres d'art brut, et d'avoir mis en exergue la qualité d'existence artistique avant toute autre considération. Aloïse chantait aussi, parmi ses talents cachés :

> « Les habitants de Gimel eux-mêmes l'avaient surnommée la cantatrice car, à l'asile de la Rosière, elle se mettait à sa fenêtre le soir pour chanter, d'une voix d'opéra très juste et très dramatique ; sa prestance, ses attitudes, sa coiffure étaient celle d'une chanteuse d'opéra. Parfois, à la promenade, elle s'arrêtait brusquement en pleine campagne et se mettait à chanter, de sa belle voix, des paroles à elle sur un air d'opéra, s'interrompant dès qu'on s'approchait d'elle[138]. »

Et que dire de la poésie qui traverse ses textes et les rend plus qu'agréables à lire malgré leur hermétisme, par exemple quand elle écrit à propos de la cantatrice Maria Malibran :

---

138. Jacqueline Porret-Forel, *Aloïse, op. cit.*, p. 57-58.

Quand créer soulage la souffrance

« Tous ses cotillons qu'elle relève sur la nature en fleurs s'enlisent dans la Malibran, le Léman d'Azur et je l'ai vu rougir comme la roswelt... elle traversait l'Europe une harpe attachée à cœur. Elle traînait à son char des orgues des sept merveilles du monde ancien, les peuples transportés dans ses bras[139]. »

Avec Aloïse, il nous faut revenir à la notion d'inspiration en la concevant comme une révélation de ce qui la traverse, ce souffle halluciné qui lui appartient foncièrement. Elle était allumée, au sens trivial et littéral, par la voie – et la voix – des hallucinations qu'elle a toujours eu besoin de contrôler afin que celles-ci ne se retournent pas contre elle, tel un boomerang violent et destructeur. Jacqueline Porret-Forel essayait de questionner discrètement Aloïse quand elle dessinait. Non sans humour, Aloïse marmonnait des propos sibyllins : « Le rouge, vous savez, c'est beau pour les schizophrènes ! », ou encore, « Je copie ce que j'entends dans ma lunette à vision. »

Dans ce monde extrêmement riche des artistes d'art brut, Aloïse est loin d'être la seule à vivre des injonctions hallucinatoires, à entendre des voix qui dictent son acte de créer. Par exemple, Augustin Lesage se mit un jour à réaliser des compositions symboliques et spirituelles sous une injonction hallucinatoire, domestiquée a posteriori en l'affiliant au spiritisme. Au fond de la mine comme tous les hommes de sa famille, il fut un jour saisi par la voix des esprits. Remonté à

---

139. *Ibid.*, p. 60.

la surface, il se met naïvement en quête d'une immense toile et de couleurs, puis commence à peindre. Il n'a pas choisi, plongé qu'il est dans une absolue nécessité de peindre alors qu'il ne sait rien de cette culture et de cette pratique. Il affirmera plus tard, médiatisé par le mouvement spirite qui trouvait là un bon cobaye et une bonne occasion de se faire de la publicité, qu'il n'était pas l'auteur de ses toiles, car sa main était guidée par les esprits[140].

On pourrait multiplier les exemples, tous aussi passionnants les uns que les autres, depuis Adolf Wölfli, le plus prolifique et étrange des artistes d'art brut jusqu'à André Robillard, qui construit des objets improbables à partir de rebuts, mais aussi Heinrich Anton Müller, créant ses machines infernales qui ont inspiré Jean Tinguely, et l'étrange August Natterer, dessinateur et poète en grande souffrance qui créa de fabuleuses compositions cosmiques. Pour chacun, certes, il y avait un trouble psychique, un délire, parfois même la violence de comportements destructeurs. Tous ont subi un internement prolongé, leur vie entière, mais ça ne les a pas empêchés d'être des poètes, de rester des êtres humains sensibles qui n'étaient pas dégénérés, et de véritables artistes qui ont fait œuvre sans en avoir l'intention délibérée, mais tout de même l'intention inconsciente. Chacun, certes, a trouvé le moyen de se soigner grâce à ce recours créatif, mais leur production ne se résume pas à ce motif.

---

140. Jean Dubuffet, *Augustin Lesage*, Lausanne, Collection de l'Art Brut, 1999, n° 3. (Première édition, Publications de la Compagnie de l'Art Brut, Paris, 1965.)

Quand créer soulage la souffrance

L'œuvre existe par elle-même, grâce à la volonté de celui qui crée, mais aussi à ce qui lui échappe. En cela, ces artistes d'art brut n'ont rien à envier aux autres artistes, si ce n'est un confort de vie psychique. Il est essentiel de leur reconnaître cette originalité, ce statut de créateur, d'artiste, et de respecter leur œuvre sans glousser de bêtise, sans l'immoler ou la détruire, sans non plus l'aduler au motif qu'elle émanerait du primitif en l'homme, ce qui ne serait qu'une autre forme de discrimination et de stigmatisation.

Michel Nedjar

L'approche de Michel Nedjar et de son œuvre[141] permet de mieux comprendre ce qui se joue réellement *quand créer soulage la souffrance.* Il s'agit avec lui d'un parcours unique, exemplaire dans la continuité de ses différentes étapes jusqu'à parvenir à une vie accomplie d'artiste internationalement reconnu de son vivant. Si l'œuvre d'Aloïse fut pour Nedjar une révélation, une lumière dans sa nuit, il n'a pas vécu le même drame : la folie et l'internement définitif. Michel Nedjar n'a pas non plus vécu les camps de déportation et d'extermination comme Zoran Mušič. Il n'a pas vu de ses propres yeux le ravage tragique et sanglant de la guerre comme Vladimir Veličković. Son existence aurait pu s'écouler comme un fleuve tranquille. Il aurait trouvé sa voie dans la couture par transmission familiale et par affinité, mais

---

141. Depuis 2005, j'ai rencontré à plusieurs reprises Michel Nedjar dans son atelier et lors de débats que nous avons réalisés ensemble. Les extraits de nos entretiens sont publiés dans Thierry Delcourt, *Au risque de l'art et Créer pour vivre – vivre pour créer, op. cit.*

il en fut tout autrement. Que s'est-il passé ? Pourquoi une telle œuvre s'est imposée à lui, si dérangeante et qui suscite d'emblée un effroi, plus encore que celle de Francis Bacon ? Quand il entre dans une exposition de Michel Nedjar, le public sidéré hésite entre la fuite et la fascination. Qu'est-il arrivé à Nedjar pour se mettre un jour à créer ce qu'il nomme sa « matière dégoûtante », et quel est l'enjeu de cette expression noire et effrayante ?

En fait, il est question d'une collision brutale entre le cours de l'histoire, sa propre histoire et son psychisme meurtri. Né en 1947 dans une famille juive, il coulait des jours paisibles dans un pavillon. Son père était tailleur, sa grand-mère vendait des tissus usagés, nommés *shmattès*. Michel Nedjar aimait coudre et jouer à la poupée. Né deux ans après la fin de Seconde Guerre mondiale et la tragédie de la Shoah, il a vécu dans une sorte d'insouciance avec le non-dit lié au voile de silence posé sur sa famille dont la majorité des membres avait péri dans les camps. Pour les survivants, ses parents, il fallait vivre malgré tout, et donc taire l'extermination à leurs enfants pour réussir à leur offrir un présent et un futur avec des plaisirs simples. Les traces familiales du drame étaient masquées. Ce voile, malgré les trous qui laissaient transparaître les stigmates des non-dits, avait tout de même bien fonctionné jusqu'en 1961, car cette année-là, Michel Nedjar regarde le film d'Alain Resnais, *Nuit et Brouillard*. Ce précieux documentaire de 1955 dévoile sans concession l'horreur des camps d'extermination nazis. Michel Nedjar avait 14 ans et ce choc le plonge dans un état de sidération psychique à la mesure de la révélation. Il comprend et mesure ce que cachait ce voile familial. Il l'avait probablement pressenti sans réellement se représenter ni imaginer l'horreur indicible et la souffrance abominable qu'une partie de sa famille, exterminée, avait vécues sans jamais revenir des camps de la mort. Nedjar trouve refuge dans l'arrière-boutique de sa grand-mère, au marché de Saint-Ouen, au beau milieu des *shmattès*, ces tissus usagés qu'elle vend, et dans lesquels l'enfant s'enveloppe pour se protéger. C'est là qu'il va réaliser ses premières poupées réparatrices face au traumatisme qu'il vient de subir. Sous différentes formes, il a toujours pratiqué ainsi : il enveloppe un objet – les premiers avaient été des petites poupées ou des morceaux de ces poupées – dans du tissu qu'il ligote avec ce qu'il trouve. Au départ, on pourrait juste y voir la poupée qu'un parent attendri fabrique autour du doigt blessé de l'enfant, cette enveloppe de gaze qui tient tant bien que mal avec un bout de sparadrap, et que l'enfant regarde, consolé et rassuré. L'enfant montre fièrement autour de lui la poupée qui témoigne de l'épreuve à laquelle il a résisté et le privi-lège symbolique qui lui est donné, celui d'être enveloppé et protégé comme il le fut dans le ventre maternel. Nedjar exprime toujours ce moment choc, puis régénérateur, avec une certaine émotion :

> « J'étais rentré dans ma bulle, dans un monde super-ficiel avec une bulle autour de moi, mais je n'étais pas étranger à moi. Je ne comprenais pas[142]. »

---

142. Cet extrait, comme les suivants, est issu d'entretiens que j'ai réalisés avec Michel Nedjar, dont de larges extraits ont été publiés dans mes livres *Au risque de l'art* et *Créer pour vivre – vivre pour créer, op. cit.*

La folie de l'artiste

Michel Nedjar s'est donc réparé lui-même. Il peut émerger de son enveloppe et reprendre la vie sociale. Il apprend le métier de tailleur en digne héritier de son père, mais plutôt dans le registre de création. Il dessine aussi et découvre fortuitement l'œuvre d'Aloïse après un séjour en sanatorium pour tuberculose, œuvre qui le marquera profondément. De 20 à 30 ans, Nedjar voyage beaucoup. Il vit de multiples expériences initiatiques et créatives avec son ami et amant Téo Hernández mais aussi en solo. C'est au décours d'un de ces voyages que survient le deuxième épisode traumatique de sa vie. Il en parle :

> « Le voyage au Mexique, avec cette civilisation, ça a été révélateur. Ce que j'y ai vu s'est imprimé et a provoqué quelque chose en moi d'indéfinissable. Bien sûr, il y a la mort et ses représentations, mais là-bas ce n'est pas un désastre. Il y a la magie saisissante. Je repense au village de momies Guanajuato dans le Michoacán, mais surtout à ce petit marché à la frontière guatémaltèque, tellement fascinant que c'était insupportable. Ce n'était pas mort. Elles avaient leurs costumes, leurs robes collées à la peau. C'est là où j'ai acquis auprès d'une Indienne, une poupée fragile et étrange. La poupée fait partie de ma vie. Celle-ci m'a provoqué un flash réveillant la poupée que je fabriquais dans mon enfance[143]. »

---

143. *Ibid.*

Quand créer soulage la souffrance

C'est alors que tout s'est compliqué. Michel Nedjar revient le lendemain sur le marché pour parler avec l'Indienne qui avait fabriqué la poupée. On lui dit qu'elle est morte dans la nuit. Cette annonce agit comme une déflagration, un choc, une intrusion brutale en synchronie avec ce qu'il a éprouvé après avoir regardé *Nuit et Brouillard* puis quand, sidéré, il s'était enfoui dans les *shmattès* de sa grand-mère. De retour après ce moment très pénible de son voyage initiatique qui devient pathologique, Nedjar s'enfonce dans une noirceur dépressive et subit la répétition morbide d'une apathie, d'un sentiment de dépersonnalisation et d'une sidération psychique. Il se coupe de la réalité et de lui-même. Il est à nouveau envahi par les images-choc de la Shoah, qui, en fait, ne l'ont jamais quitté, Nedjar doit encore une fois chercher sa voie résolutive. Et ce qu'il trouve est assez proche de ce qu'il avait trouvé à 14 ans, mais il est inspiré par une dimension rituelle et sacrée, conséquence de ce qu'il a découvert lors de ses voyages, particulièrement au Mexique.

Peu après son retour précipité à cause du choc qu'il venait de vivre, Michel Nedjar parvient à lutter contre la collision psychique dévastatrice, à la neutraliser et à la circonscrire. Il se met à créer ses « poupées-momies-cadavres »[144]. Seul, mélancolique et mutique dans l'atelier, et cette fois sans la présence rassurante et reconstructrice de sa grand-mère, il lui faut trouver un recours suffisamment puissant pour enrayer le flot d'images-choc, de sensations et de percep-

____

144. C'est ainsi que je me suis autorisé à nommer les poupées sombres, trouées et déstructurées de Nedjar, à cette époque, et qui n'ont rien à voir avec ce que l'on nomme habituellement poupée.

tions angoissantes. Grâce à un rituel extrêmement éprouvant, qui peut sembler macabre et morbide à première vue, il parvient à transformer les images brutes traumatiques en des représentations visibles, certes horribles mais qui réussissent non sans peine à donner forme au chaos qui l'a encore une fois dévasté :

> « Je souffrais, je déchirais mes vêtements. Je me maltraitais, je me salissais. Quand je fabriquais la poupée, c'était très physique, violent, dans le corps et la chair... C'était ça ou l'ambulance. C'était l'abîme. »

Pour ce rituel-recours créatif, Nedjar utilise toujours un objet-poupée, mais il l'enveloppe cette fois-ci dans des bouts de toile de jute usagée, avec des déchets ramassés au gré de ses errances solitaires. L'enveloppe est épaisse et sombre. Profondément plissée, elle forme des trous profonds qui évoquent l'excavation de la famine sur les corps agonisants des camps de la mort. Ces poupées sont creusées d'abîmes, d'orbites obscures, de cavernes qui ne laissent pas passer la lumière. Ensuite, Nedjar plonge ses momies dans un bain qui relève du rituel sacré. Il n'a pas conscience de son acte car il est alors dans un état second, parfois même en transe. Il n'y a aucune connotation religieuse dans ses rituels, Nedjar insiste sur ce point. Dans ce bain, il mélange la terre, les pigments, les sécrétions humaines, parfois du sang et des excréments. Ce sombre rituel est comme un raccourci de l'histoire de l'humanité dans sa précarité face à et de l'inhumanité barbare dans laquelle il vient à croiser à la

Quand créer soulage la souffrance

blessure, la mort, l'être-excrément de la déshumanisation des camps d'extermination, la terre-mère, mais aussi les traces rupestres des premiers hommes. Tout cela lui permet d'accéder enfin à une forme de renaissance au forceps, la sienne mais plus généralement celle de l'humanité à travers une naissance originaire, y compris celle de sa famille disparue. Ce n'est qu'après la plongée rituelle que la « poupée-momie-cadavre » peut acquérir la valeur symbolique d'un fétiche qui protège. D'ailleurs, dans l'atelier de Michel Nedjar, des centaines de ces poupées sont suspendues et habitent ce lieu très intime. C'est son enveloppe, sa gangue primordiale, sa parade rituelle qui le protège de l'effondrement et de la dévitalisation de la mélancolie. À ces poupées, Nedjar donne un nom évocateur, les *chairdâmes*, où l'on entend la *chair*, la matière primordiale, l'*âme* inconnaissable qui prend corps, et la *dame* – non pas la femme – dans ce rapport particulier que Michel Nedjar établit avec les femmes, de sa grand-mère à l'Indienne, de la mère protectrice aux divinités primordiales.

Il n'y a ni connotation ni aucun motif religieux dans sa création brute, juste une construction périlleuse, car elle est prise dans une dualité, celle d'un monde qui permettrait aux pulsions contraires de cohabiter – Eros/Thanatos, Bourreau/Victime... Mais plus qu'un monde, l'ébauche d'une cosmogonie comme chez Aloïse, qui lui permet de se protéger du monde menaçant et imprévisible, comme de lui-même, une cosmogonie qui lui permet aussi de se donner forme et sens à sa vie, de peupler son existence en lui permettant de n'être pas seul au monde, sans boussole donc sans repères. Grâce à sa pratique du bain rituel, Michel Nedjar parvient à se donner naissance, c'est-à-dire, symboliquement, à inscrire enfin sa naissance dans le réel d'une histoire qui lui avait été cachée, comme on dit, *pour son bien*, et en toute bonne foi. Mais on sait que les non-dits autour des drames de famille appartiennent à tous ses membres qui les portent dans leur âme et leur chair, d'une manière ou d'une autre.

Si un enfant est privé de la transmission, y compris celle du pire, les non-dits lui reviennent un jour en boomerang avec une violence décuplée. Il n'est pas en mesure d'appréhender ce réel traumatique. Alors, tel un Golem, informe, il retourne dans un ventre archaïque dont il ne peut pas sortir, comme les personnes psychotiques. Il lui faut tenter de se donner forme. Ce sont ses *chairdâmes* qui ont permis cela à Michel Nedjar. Auparavant, il ne pouvait qu'accomplir son geste répétitif de fabriquer une poupée, de l'enterrer, puis de l'exhumer, sans que jamais ce fantasme originaire puisse créer en lui une réelle construction symbolique de son être. L'apparence horrible des *chairdâmes* est à l'image de la forme en gestation d'un Golem qui parvient enfin à se projeter dans le monde et à se donner forme. C'est ce qui a permis à Nedjar de sortir du gouffre d'une matière noire, primordiale et informe.

Jamais Nedjar n'a eu comme but et motif la provocation, l'obscénité ou la destruction quand il crée, même si ces créations sont traversées par une violente destructivité, une forme de saleté dans la transcription sans ménagement de l'horreur du monde. Nedjar est, à son corps défendant, le passeur, le témoin et l'acteur de la tragédie. Héritier trauma-

Quand créer soulage la souffrance

tisé de la Shoah vécue par ses aïeuls, il n'en est pas la victime directe même s'il l'éprouve réellement dans sa chair. L'« insu » du drame, la vision brutale de sa cruauté et le sentiment de culpabilité, tout cela fait qu'il se vit aussi comme le bourreau des camps. Lors d'une de nos rencontres, il venait de créer un texte oral à la demande de son ami Allen S. Weiss pour une création autour des poupées dans le cadre d'une exposition en 2005 à la Halle Saint-Pierre. Un soir d'orage, une voix, la sienne, s'est mise à prononcer des mots qui venaient du plus profond, un magma de yiddish et d'allemand, alors qu'il ne sait pas parler ces langues. Il retrouvait, possédé par la transe, la prosodie de sa grand-mère. Il était, dit-il, habité par son fantôme :

> « J'étais bloqué ; un soir, premier orage, je ne savais pas ce que j'allais dire, je ne voulais pas faire de la poésie. Il faisait très chaud, à minuit, le bruit de la pluie. J'ai pris la caméra et j'ai filmé l'orage. J'étais en transe, c'était magnifique. J'avais une excitation, et là, j'ai pu parler et enregistrer. Je n'ai pas voulu entendre car je ne voulais pas de repentir. Ensuite, à la Halle Saint-Pierre, on m'a fait écouter. C'était terrible, comme une révélation entre yiddish et allemand. J'ai pleuré car j'étais aussi le bourreau[145]. »

On retrouve là ce qui a orchestré ses premiers rituels des *chairdâmes*, avec leur dimension noire, mélancolique,

---

145. Entretien de 2005, voir note 141.

d'extrême angoisse. Il évoque ce risque de désintégration qu'il cherche et qu'il redoute à la fois, dans un entretien avec Clayton Eshleman[146] :

« J'avais fini la poupée, je la trempais dans une grande bassine. J'avais mis de l'eau chaude, de la colle, des teintures et de la terre. Cela faisait comme une boue. Une boue presque primordiale. C'est après que j'ai pensé à tout ça. Les mots, c'est toujours après, sur le moment, c'est l'action. Il m'a fallu du temps, des années pour comprendre ce qui s'était passé. J'étais en train de baigner ma poupée dans ce jus quand j'ai eu l'impression de m'enfoncer. Je m'évanouissais et je sentais que j'atteignais des strates minérales, que je traversais des strates de mon existence, j'arrivais presque à l'origine, si je peux employer ce mot, à l'origine de la vie. J'étais complètement perdu, je me suis ressaisi. J'ai tout lâché. Par la suite, j'ai essayé de retrouver cet état, mais ce n'est pas venu, peut-être parce que je voulais le provoquer. »

Après être passé du traumatisme des images-choc et de leur révélation, à son expression cathartique éprouvante, Nedjar est parvenu à une construction, certes aussi éprouvante, mais qui lui a permis de donner forme au chaos en soi, et de passer en quelque sorte, du Golem à l'être

---

146. Clayton Eschleman, « Entretien avec Michel Nedjar », revue *Rehauts*, n° 9, Éditions Rehauts, 2002.

conscient de l'histoire qui le traverse sans l'épargner, d'où sa lutte permanente.

Michel Nedjar a ensuite franchi une troisième étape, de l'être souffrant à l'artiste reconnu, grâce un regard curieux et intéressé sur sa création, celui de Jean Dubuffet qui décida d'introduire son œuvre dans sa Collection de l'Art Brut, grâce à d'autres regards positifs et à des expositions qui ont facilité ce passage. Mais c'est un article de fond écrit par Roger Cardinal et paru dans les *Cahiers de l'Art Brut* numéro 16, qui lui a permis de se voir autrement. Il l'évoque lors de nos entretiens :

> « La poupée, ça a été moi. Maintenant ça m'a un peu dépassé. Je ne sais pas ce que je suis devenu. Il y a une dislocation. Il y a comme un tout. Je ne suis plus tout seul. Mes poupées m'ont créé. C'est une présence au monde mystique. C'est quelque chose de dégoûtant. C'est la matière dégoûtante... Regarde ce que tu as fait, dit la maman. »

Quand je l'ai rencontré pour la première fois, vingt ans après l'article de Roger Cardinal, Nedjar ne comprenait toujours pas pourquoi et comment on pouvait commercialiser sa « matière dégoûtante ». Il se voyait mal, comme dans un miroir déformé, à la fois étranger et familier, dans ce qui était écrit à propos de lui et de son œuvre. Il recevait en pleine face les interprétations théoriques, anthropologiques et psychanalytiques autour de sa création et de ses fameuses poupées. C'était lui et à la fois, ce n'était pas lui. Il s'y reconnaissait sans se reconnaître. Il commençait à comprendre ce qui pour lui n'était depuis le début que pulsion, expulsion, transe, intuition, sans vouloir savoir ce qui le tenaillait :

> « J'étais médusé. Pendant dix ans, ensuite, je n'ai pas pu faire une poupée ni travailler le tissu. J'ai repris après la mort de mon ami. Les théories me font peur. C'est très meurtrier. Elles arrêtent quelque chose. Les théoriciens ont gêné ma création à une époque. Ça me faisait peur. Le travail que l'on fait, c'est tellement intime. »

Pourtant, c'est ce regard porté sur sa création et son œuvre qui lui a permis d'acquérir un certain confort, non seulement parce qu'il est exposé et bien vendu, mais parce qu'il devient artiste et crée dans cette intentionnalité sans rien perdre de sa spontanéité impérieuse qui est toujours là dans sa création. Pour autant, il ne crée pas dans un climat d'apaisement. Son travail en série reste impulsif, convulsif, compulsif, éreintant. Mais la parole, les mots pour le dire ont permis à son mal psychique de se représenter. Il peut désormais le penser, le raconter, le surmonter. Il peut même construire avec un certain plaisir, sa fiction personnelle. Il peut aussi se préoccuper, comme tout artiste, de la forme, de comment la rendre, et de son rapport à la pensée et à l'abstraction. Il dispose désormais d'un espace psychique de création ouvert, même s'il insiste sur son besoin d'inconfort pour atteindre sa substance créative :

Quand créer soulage la souffrance

« La création m'a sauvé de ce profond mal d'être, mais j'y ai trouvé une étrangeté dans sa révélation. À l'atelier, quand je suis parti, il ne faut pas que je sois privé de support. C'est un état de transe. C'est très fort et après je suis épuisé. Quand je suis déprimé, c'est un besoin, une nécessité quotidienne... Quand je vois la poupée, je la vois partout. Je ne sais plus si c'est dehors ou dedans. Je vois les têtes de mes dessins à la place de celles des gens. Ils sont dévisagés. C'est envahissant, ça continue dans la rue, tout devient extraordinaire. Puis, il y a une masse qui se structure. Je ne pense pas. Je ne regarde pas ce que j'ai fait. Je continue la série jusqu'à épuisement, de moi et de ce qui devait sortir. »

Les *chairdâmes* de Michel Nedjar ne sont qu'une des facettes de sa création, car, de plus en plus, il se tourne vers le dessin et la peinture, avec aussi une insistance de l'écriture qui va, de la même façon, de l'informe à la forme presque calligraphique, qui recouvre le dessin, et qui est recouverte de gribouillage qui masque souvent le contenu des mots. Bref, dans sa transe créatrice, Michel Nedjar pratique largement le palimpseste aux strates multiples qui masquent le sens en un rébus étrange, car sa vérité n'est pas dans le sens, mais dans la forme en formation. Les séries de dessins se font dans l'urgence jusqu'au point d'orgue d'une jouissance qui peut être douloureuse, suivi d'un apaisement quand la forme interne a réussi à prendre forme dans le dessin. C'est moins une expulsion que l'extraction d'une forme à la limite de l'informe. Puis, comme après un coït prolongé,

Michel Nedjar vit une période réfractaire. Il vaque distraitement à ses bricolages créatifs et au ramassage de ce que les humains ne voient que comme déchet, et lui comme ses « princesses de caniveau ». Il y voit des formes singulières et des poupées en gestation. Son osmose avec « le monde qu'on ne regarde pas » lui permet surtout de percevoir ce que les autres ne peuvent pas voir : les métamorphoses et les propositions de formes qui s'offrent à nous en permanence mais que nos perceptions sélectives, pragmatiques et défensives se refusent à prendre en compte. Nedjar a toujours besoin du contact avec cette matière obscure qu'il gratte, qu'il modèle et qu'il éprouve dans son corps.

Si dans un premier temps, Nedjar était un démiurge aveugle qui enfantait le chaos par son acte rituel violent, il est progressivement devenu l'étrange et fascinant chamane dont la pratique initiatique donne forme à ses représentations traumatiques. Ce chamane soigne le mal, autant le sien que le nôtre, à défaut d'avoir une possibilité d'action sur le mal universel malheureusement irréductible. Comme certains créateurs que nous avons évoqués dans ce livre, Michel Nedjar n'est pas passé loin de l'impasse d'une folie, mais il s'est évité le destin funeste d'Antonin Artaud car il a su trouver une pratique créatrice résolutive.

Grâce à ces étapes successives, Michel Nedjar a progressivement réussi à ouvrir une voie psychique de construction et d'expression imaginaire. C'est une transformation que l'on nomme symbolisation, c'est-à-dire le passage d'une forme brute et traumatique à une voie de représentations inscrites dans un langage pictural, parlé et écrit. La matrice sensible de son être inconscient, auparavant occupée et obstruée par les images-choc des perceptions traumatiques, a pu trouver un débouché imaginaire dont la condition est de pouvoir être structuré dans ce langage pictural, parlé et/ou écrit. C'est que l'on peut constater en 2017, car Michel Nedjar fait l'objet d'une grande rétrospective bien nommée *Introspective* au LAM, le musée d'Art moderne, d'Art contemporain et d'Art brut de Villeneuve-d'Ascq. De salle en salle, un accrochage chronologique permet de voir qu'à partir de 2004, les poupées deviennent progressivement lumineuses, parfois joyeuses, mais encore plus chargées de symboles, leur poésie devient plus accessible, notamment ses poupées Pourim. D'une façon générale, ces dernières œuvres apportent plus de plaisir qu'elles ne dérangent, mais ne nous y trompons pas, l'expression et la charge symboliques qu'elles transmettent sont animées d'un mouvement ambigu qui vient nous chercher plus agréablement, mais toujours pour nous questionner. Et si l'on s'y attarde un peu, l'effet est aussi efficace, intense, émouvant que celui des *chairdâmes* et des dessins noirs. Michel Nedjar a désormais acquis la liberté de jouer avec le spectateur comme avec ses représentations, même les plus douloureuses.